AF324960

L'HEUREUX CHANOINE

DE
ROME.

NOUVELLE GALANTE,

OU

LA RESURRECTION

PREDESTINE'E,

CONTENANT

Diverses Avantures agréables & divertissantes arrivées du tems du Ministere de Mr. Fouquet, Sur-intendant des Finances de France.

DEDIE'

A Son Altesse Roiale, Madame la Duchesse de Lorraine.

A PARIS,

Chez MICHEL BRUNET, dans la grande Salle du Pallais au Mercure galant. 1707.

EPITRE

A

SON ALTESSE ROIALE,

MADAME

LA DUCHESSE

DE

LORRAINE.

MADAME,

L'Entreprise que je fais aujourd'hui de mettre à la tête de ce Livre, le Nom de VOTRE
ALTESSE ROIALE paroîtra aux yeux de tout
le monde, très-hardie & des plus temeraires ;
mais je ne desespere pas qu'elle ne soit excu-
sée, lors que j'avouërai ingenûment, que la

* 3

pas-

EPITRE.

paſſion que j'ai depuis long-tems de mettre au
jour quelque nouvelle Piece, qui pûtêtre vûë
de VOTRE ALTESSE ROIALE
en lui procurant quelque petit amuſement d'eſprit, l'a emporté par-deſſus toutes les réflexions
qu'une action de cette nature meritoit. Je me
ſuis flaté, MADAME, que la fidelité avec laquelle je rapporte cette Hiſtoire extraordinaire,
& tous les évenemens ſinguliers, qui l'accom-
pagnent, ſuppléroit au défaut d'un ouvrage
étudié & plein d'éloquence, qui eût été au-
deſſus de mes forces. Le ſujet que je traite a
quelque choſe de ſurnaturel ; car il eſt rare
dans le ſiecle où nous ſommes, de voir ſortir
du fond d'un cercueil, ceux qui y ont été une
fois enfermés ; trop heureux ſi ce petit eſſai
a le bonheur de ne pas déplaire à VOTRE
ALTESSE ROIALE, & s'il peut être
reçu favorablement d'une des plus grandes Prin-
ceſſes qui ſoit au monde, & lui faire paſſer
quelques momens ſans la détourner de ſes œuvres de pieté, qui font les occupations les plus
ſerieuſes & les plus ordinaires de ſa vie.

Je

EPITRE.

 Je voudrois bien, qu'il me fût permis de dire ce que je pense de toutes les actions éclatantes, dont cette belle vie est accompagnée ; mais de quels termes pourrois-je me servir, & de quels traits oseroit-on représenter tant de belles choses reünies dans Votre Auguste Personne, qui font l'admiration de tout l'Univers ? Je n'entreprendrai donc point, MADAME, de loüer tout ce qui s'y découvre de beau, de grand, d'admirable & de ravissant ; de bon, de charitable & de prevenant : tant de belles qualités, qui brillent aux yeux de toute la terre, ce rang si éclatant, cet air si majestueux, qui imprime le respect qu'on doit aux Souverains, cette douceur si charmante qui enleve imperceptiblement les cœurs, cet esprit si sublime qui enchante ceux qui ont l'honneur d'approcher de Votre Altesse Roiale, cette profonde sagesse, cette charité aveugle, qui soulage tant de miserables, cette pieté si édifiante que vos peuples s'efforcent d'imiter ; toutes ces graces, tant de dons de Dieu, & toutes ces rares vertus, qu'on

* 4

ne

ne peut se lasser d'admirer, meriteroient chacune des volumes entiers pour les bien defi-
nir ; mais comme je suis un très-foible Ora-
teur, & que la riche matiere que je voudrois
traiter, embarrasseroit même les plus habiles
& les plus éloquens, qui ne pourroient peut-être
pas trouver les termes, ni les expressions, qui
conviennent pour un si digne sujet : que Votre Altesse Roiale me permette, s'il lui plaît,
de renfermer dans mon ame, tout ce que j'en
pense, tout ce que j'en ai vû, tout ce que
j'en sai, & tout ce que j'en crois ; que j'admire tant de tresors rassemblés ensemble, que
je les honore, que je les respecte, que je
joigne mes vœux à ceux de vos sujets, qui
aiment, ou pour mieux dire, (s'il m'est permis,) qui adorent leur Souveraine : que nos
prieres s'unissent ensemble pour la conserva-
tion de la santé de Votre Altesse Roiale.
Cette voix, MADAME, de vos peuples est
suivant la sainte Ecriture celle de Dieu ; que
de Benedictions vont tomber, sur la bienheureu-
se Lorraine, pour reconnoissance des biens, du

repos

EPITRE.

repos & de la paix que Votre Alteſſe Roiale lui procure. Dans le tems que toute l'Europe eſt en feu, & dans de continuelles al-
larmes par le fleau de la guerre; la Lorraine
ce floriſſant Etat le plus fortuné du monde,
& qu'on peut appeller aujourd'hui le Paradis
terreſtre, que tant d'Auteurs ont eu peine de
découvrir, jouit ſeul de la tranquilité, que
Votre Alteſſe Roiale lui a apportée du Ciel
en s'uniſſant, comme elle a fait par des liens
ſi doux à Son Alteſſe Roiale, Monſeigneur
le Duc de Lorraine, un Prince ſi bon, ſi
reconnoiſſant, ſi charmant de ſa Perſonne,
ſi débonnaire, ſi affable, ſi ſage, ſi prudent,
tant cheri de tous ſes Peuples, & dont la
naiſſance extraordinaire, l'eſprit & la valeur
ſurpaſſent tout ce qui s'en peut écrire. Quelle joie pour leurs Alteſſes Roiales de voir
cette heureuſe fœcondité, dont le Seigneur
favoriſe une ſi noble Union! N'eſt-elle pas une
preuve de la benediction, qu'il donne viſible-
ment, & qu'il répand ſur Votre Maiſon
Roiale? Que de Princes nous allons voir naître,

EPITRE.

tre, que de Princesses, que d'illustres Allian-
ces leurs Altesses Roiales vont contracter,
que de bonheur pour l'auguste Famille de Lor-
raine, quelle satisfaction pour tous vos peu-
ples, que d'admiration pour toute l'Europe !

Pour moi qui ne peux que former des vœux
pour l'accomplissement de tous les souhaits de
leurs Altesses Roiales, je les renouvellerai à
toutes les heures de ma vie; trop heûreux, si
elle est assez longue pour les voir exaucés.
après cela il ne me restera rien à desirer au
monde, si j'apprens que Votre Altesse Roia-
le ne desapprouve point la liberté que j'ai
prise de lui presenter ce petit Ouvrage; &
que c'est ne lui point déplaire, que de lui
marquer par toutes mes soumissions le très-
profond respect avec lequel j'ose me dire

De Votre Altesse Roiale,

M A D A M E,

Le très-humble & très-obéïssant Serviteur
C. M. D. R. *Avocat en la Cour.*

P R E-

PREFACE.

L'Agrément d'une hiſtoire, eſt lorſque pour le plus bel ornement, l'on s'y eſt particulierement attaché à la verité. L'on peut aſſurer ceux qui liront celle-ci que les choſes y ſont écrites, telles qu'elles ſe ſont paſſées dans le monde à la vûë de l'Auteur, qui étoit ami très-particulier de toute la famille de *Bertinetti*, & ſur tout du Pere qu'on peut propoſer (ſi l'on retranche de ſa jeuneſſe l'action du Chevalier *Urbini*) comme un modéle de patience & de vertu dans toutes ſes adverſités, & tous les mauvais traitemens qu'il a ſoufferts dans ſa priſon quoi qu'innocent, ſeulement pour avoir été Secretaire de Mr. *Fouquet* Miniſtre d'Etat, qu'on accuſoit d'avoir volé au Roi des ſommes immenſes, d'avoir acheté des places comme *Bel-Ile* & *Pontcarnault*, de les avoir fait fortifier & munir de canons, pour lui ſervir de retraite en cas de diſgrace, mis un million à fond perdu à la Banque de *Veniſe*, d'avoir diſſipé des biens infinis dans les bâtimens à ſa

belle

belle maison de *Vaux le Viconte*, & par des
pensions qu'il donnoit à tous ceux qui vouloient s'attacher à lui, outre les dépenses
secretes qu'il faisoit auprès des Belles, qui
lui coûtoient encore plus que tout le reste.

Quoi qu'un seul de tous ces chefs d'ac-
cusation fût plus que suffisant pour perdre
Mr. *Fouquet*, on pretend que s'il n'eût pas
eu des envieux & des ennemis jaloux de
sa bonne fortune, il se fût tiré d'intrigue ;
mais tout se déchaîna contre lui, & le malheur lui en voulut tellement, que dans le
tems qu'il cherchoit par tous les endroits
imaginables à meriter les bonnes graces du
Roi son Maître, une fête qui fut solem-
nisée avec éclat, une magnificence, & une
profusion qui n'eurent jamais d'exemple,
dans cette belle maison dont nous venons
de parler, fut le commencement de tous
ses malheurs. Sa Majesté pour qui cette
grande fête fut faite, n'avoit jamais rien
vû de plus beau ; toute la Cour en fut
charmée, & les ennemis de Mr. *Fouquet*
ne laissérent pas échaper une si belle occasion de traverser sa fortune.

Les buffets & la quantité prodigieuse de
plats & d'assiettes d'or massif qu'on fit remarquer au Roi, le surprirent extrêmement. Tout le repas ne fut servi que par
res-

resforts & machines admirables , & lorsqu'on vouloit relever un service , la table sur laquelle étoit le premier , fondoit tout à coup avec tout ce qui étoit deffus , comme dans un abîme fous les piés ; & du plancher d'en haut en defcendoit une autre toute couverte & toûjours plus belle que celle qui étoit difparuë.

Des Anges qui paroiffoient tout à fait naturels fortoient de differentes niches , & aportoient tout ce qui étoit neceffaire dans ce fuperbe feftin , & jamais il ne s'eft vû rien de mieux entendu ni de fi bien ordonné que tout ce qui fe paffa dans cette Roiale fête.

Les ennemis de Mr. *Fouquet* qui avoient formés contre lui bien de mauvais deffeins, n'oubliérent rien dans cette grande journée, de tout ce qu'ils trouvérent propre à avancer fa perte. Ils firent remarquer au Roi que Sa Majefté n'avoit pas la centieme partie de vaiffelle d'or qu'elle en voioit dans cette maifon , & infenfiblement lui infinuant que Mr. *Fouquet* ne pouvoit faire de fi groffes dépenfes fans fe fervir des fonds du Trefor Roial , fa conduite fut dès ce moment des plus foupçonnées , & on lui donna des gens qui l'éclairérent de fi près, qu'ils parvinrent aifément au point qu'ils

avoient

PREFACE.

avoient en vûë de l'abîmer de fond en comble. Tout le monde a ſeu que peu s'en eſt fallu, qu'il ne perdît la tête ſur un échafaut ; & enfin qu'il finit ſes jours dans la Citadelle de *Pignerol*, après y avoir été nombre d'années detennu priſonnier très-étroitement.

L'enchaînement qu'il y a des diſgraces de *Bertinetti* avec Mr. *Fouquet* eſt ſi grand, qu'on n'a pû ſe diſpenſer de donner cet éclair-ciſſement ſur les malheurs de ce Miniſtre d'Etat, à ceux qui n'ont pas ſeu les parti-cularités que nous venons de raporter ; mais comme ce livre ne contient que des Avantures particulieres de ſon premier Se-cretaire, nous nous renfermerons ſeulement à dire comme nous avons déja fait, qu'el-les ſont écrites avec la derniere fidelité. Cette famille eſt très-bien établie dans Rome actuellement, après avoir demeuré nom-bre d'années en France ; bien des gens qui ſont encore au monde, ont vû *Bertinetti* dans le poſte qu'il exerçoit près de Mon-ſieur *Fouquet.* Après la chûte de ce Mini-ſtre, ils l'ont auſſi vû priſonnier plus de huit années à la Conciergerie du Palais à Paris : il a paru enſuite à la Cour, & avoit le bonheur quand il lui plaiſoit, d'apro-cher la perſonne du Roi, ſoit pour pre-

ſen-

senter des Medailles à Sa Majesté, ou pour faire son Portrait, à quoi il réüssissoit en perfection. Le Cabinet de Monseigneur le Dauphin est encore actuellement rempli de quantité de beaux ouvrages de ce rare genie ; & il y a peu de curieux dans *Rome* & dans *Paris*, & même par toute l'Europe, qui n'en ait recueilli avec soin quelque morceau.

La Resurrection de la mere de sa femme n'est point une idée ni une ficton, comme plusieurs pourront peut-être se l'imaginer, elle est très-sincere & des plus veritables ; mais pour fermer la bouche à tous ceux qui en pourroient douter, c'est que cet évenement ne se trouve pas sans exemple : pareille avanture est arrivée à *Paris* dans la ruë au fer. La femme d'un Marchand aiant été cruë morte il y a quelques années, fut enterrée dans le Cimetiere *St. Innocent* ; & aiant été assez heureuse de sortir de sa sepulture, à peu près de la même maniere que la belle-mere de *Bertinetti*, elle revint la même nuit au logis de son mari, & a vécu depuis avec lui un tems très-considerable.

Cette histoire est très-veritable, & est precisément sur les regiftres de la Paroisse que nous venons de nommer, & rapportée expressé-

PREFACE.

preſſément dans le livre des antiquités de *Paris*. Ceux qui ne voudront pas ajoûter foi, à celle-ci, non plus qu'à la premiere, ſe donneront s'il leur plaît la peine de paſſer pour un moment dans le Cimetiere *St. Severin* : ils y trouveront un tombeau élevé de douze piés de haut, ſur lequel eſt en pierre la répreſentation d'un Gentil-homme qui aiant pareillement été cru mort, fut enterré au même endroit. Mais comme il n'avoit été attaqué que d'une forte Lethargie, à laquelle il étoit très-ſujet ; au retour d'un valet qu'il avoit envoié hors de la ville pour quelques affaires preſſées : ſur ſon raport la foſſe de ſon maître étant rouverte, on le trouva miſerablement étendu ſur l'eſcalier roide mort, s'étant mangé un bras tout entier.

Il ne ſeroit pas difficile de rapporter ici de pareils malheurs ; mais celà ne paroît pas tout à fait neceſſaire pour le preſent.

L'hiſtoire de l'hermafrodite de Cologne paroîtra auſſi bien ſuſpecte à tous ceux qui n'ont jamais entendu parler de ces ſortes de matieres ; il ſeroit bien aiſé de les deſabuſer ſur cet article, s'il étoit permis de nommer les perſonnes intereſſées ; mais par bien des raiſons on doit s'impoſer ſilence là-deſſus.

Les

PREFACE.

Les avantures du fils de *Bertinetti* sont aussi serieuses & raportées avec autant de fidelité que celles de son pere : tout ce qu'il a fait chez les Procureurs où il a demeuré dans sa jeuneſſe eſt public ; ils ſont encore au monde , & il ſe paſſe peu de jours , ſoit au Palais , ſoit au Châtelet , que l'hiſtoire de tous ces tours ne ſe renouvelle dans les diſcours des uns & des autres.

L'Opera de *Moïse* & toutes les galanteries que l'on lira dans cet ouvrage , ont été ſuës de tout *Paris* ; ſi l'on veut encore aujourd'hui citer une œconomie outrée , l'on nomme d'abord la maiſon de *Quemas* Procureur , qui eſt toûjours logé au même endroit , vivant avec encore un peu plus d'avarice qu'autrefois , quoi qu'il ſoit extraordinairement riche , & qu'il n'ait pour tout heritier qu'un petit boſſu de fils , dont l'eſprit eſt beaucoup plus mal tourné que le corps. Son pere lui a negotié un Canonicat à *St. Etienne desgrés* dont il a dépouillé l'Abbé *Després* ſous des pretextes indignes. Cette action qui eſt un vol manifeſte , a achevé de le perdre de reputation parmi tous les honnêtes gens ; & l'on l'a depuis nommé *Quemas Satanas* , voulant par là donner à connoître que c'eſt un homme qui n'a ni foi , ni honneur , ni religion.　　　　　　　　　　Pour

PREFACE.

Pour l'avanture de l'armoire au pain, &
celle des deux pieces de vin qui font arrivées chez lui, elles paffent encore à pre-
fent pour deux chefs-d'œuvres d'efpiegle-
ries.

Tout ce qu'on raporte touchant *Defpointis* Procureur, n'a pas fait moins de bruit
que les avantures de *Quemas*. Si quelque
Procureur encore aujourd'hui, fait un peu
d'ombre à l'Audiance à un autre, c'eft un
proverbe dans le Châtelet de dire *Maître
un tel rangez votre nez, que je voie Mon-
fieur le Lieutenant Civil.*

Enfin fi l'on veut parler d'une femme
galante, l'on dit auffi-tôt, *C'eft une bonne
amie de Mademoifelle Stella.*

Le Lecteur examinera s'il lui plaît le re-
fte de cet ouvrage à tout fon loifir, &
l'Auteur fera trop recompenfé de fon petit
travail, s'il apprend que le public y ait
pris quelque goût. Et fi l'evenement ne ré-
pond pas à fon attante, il faudra bien qu'il
fe confole de fon fort.

L'HEU-

L'HEUREUX CHANOINE DE ROME

NOUVELLE GALANTE

OU

LA RESURRECTION PREDESTINE'E,

CONTENANT

Diverſes Avantures agréables & divertiſſantes, arrivées du tems du Miniſtere de Mr. Fouquet, Sur-intendant des Finances de France.

LA diſgrace de Mr. *Fouquet*, premier Miniſtre d'Etat, ne s'eſt pas ſeulement fait ſentir à lui-même, & à toute ſa Famille ; elle s'eſt auſſi répanduë ſur toutes ſes créatures, & peu de perſonnes qui avoient l'honneur de l'approcher, lorſqu'elle lui eſt ſurvenuë, ont été exemptes de ſe trouver envelopées, dans tous les malheurs,

A   qui

qui ne l'ont point abandonné, qu'au dernier moment de sa vie.

Je n'entrerai point dans les raisons, qui lui ont attiré une chûte si precipitée; son Procès écrit de sa main fort hardiment, & avec esprit, qui contient un grand volume, prouveroit son innocence, si Monsieur l'Avocat General *Talon*, par une réponse de la même force, n'avoit détruit tout ce que Monsieur *Fouquet* avoit avancé pour sa justification. Ces deux pieces sont publiques, les curieux y peuvent avoir recours: pour moi, sans vouloir creuser le fond de cette affaire, qui n'est pas de mon ressort, je me contenterai de dire, que Mr. *Fouquet* aiant eu l'honneur d'être le premier Ministre d'un des Grands Rois qui soit au monde, & qu'aiant eu des Commissaires integres, pour examiner sa conduite, il n'eût pas été condamné à une prison perpetuelle, s'il ne l'eussent trouvé coupable.

Le premier Secretaire de Mr. *Fouquet* étoit un Italien; il étoit d'Ostie, petit bourg à deux lieuës de Rome, & s'appelloit *Bertinetti*; sa naissance n'étoit pas illustre ni aucunement recommandable, puisqu'il étoit Fils d'un simple Bourgeois de ce petit lieu, qui ne possedoit pas grands biens:

biens : il ne laiſſa cependant pas que de le faire élever très-honnêtement ſelon ſon petit pouvoir, & aiant été aſſez heureux de trouver une place d'enfant de chœur vacante, dans l'Egliſe de Sainte Marie Majeure à Rome, il eut le bonheur de l'y faire entrer; ce qui lui donna occaſion de faire ſes études avec bien de la douceur, & ſans qu'il en coutât rien à ſa Famille.

Bertinetti étoit un eſprit très-éveillé, il chantoit parfaitement bien, ce fut d'abord par ce ſeul talent, qu'il obtint la place d'enfant de chœur, dont nous venons de parler, à l'âge de dix à douze ans : il étoit très-bien fait de ſa perſonne, un nez aquilain, les cheveux très-noirs & friſez, le viſage très-blanc, quoi qu'Italien, une tête tout-à-fait Romaine, & ſur tout un grand front, qui pronoſtiquoit dés ce tems-là, un grand fond d'eſprit. Il n'avoit pas vingt ans, qu'il fut honoré d'un Canonicat de la même Egliſe, s'étant toûjours fait diſtinguer, depuis qu'il y étoit entré, par une obéïſſance aveugle à ſes Superieurs, une grande exactitude à remplir ſes petits devoirs, & ſur tout, par ſon eſprit ſublime & penetrant, dont il avoit fait connoître la force & la vivacité, en ſoutenant ſes theſes de Philoſophie & de Theologie, ou

on l'avoit vû briller au-de-là de tout ce
qu'on pouvoit attendre d'un jeune homme de son âge.

Il savoit peindre, jouoit de la guitare,
du lut, de la basse viole, du clavessin,
de l'orgue & de toutes sortes d'instrumens
de Musique en perfection. Il avoit outre
tout cela, un genie tout particulier, pour
représenter en cire, au naturel, sur de petits morceaux d'ardoizes, & pour faire
des moûles avec du platre, dans lesquels
fondant differents metaux, il en tiroit
toutes sortes de figures, telles qu'il se les
imaginoit : qui pouvoient passer dès ces
commencemens, pour des chefs d'œuvres
& de très-bons originaux.

Il n'étoit pas possible qu'avec tant d'heureux talents, *Bertinetti* ne parvînt en peu
de tems à une fortune extraordinaire ; c'é-
toit déja beaucoup pour son âge, de se voir
Chanoine d'une des premiéres Eglises de
Rome, il avoit tout le tems d'attendre
ce que la fortune lui prepareroit.

Comme les jeunes Chanoines ne jouïs-
sent pas de si gros revenus, que ceux qui
sont dans les Ordres ; *Bertinetti* attendit
avec impatiance, sa vingt-quatriéme année
pour se faire Prêtre ; mais il n'en avoit
pas encore vingt-deux, que la vûë fatale
d'une

d'une jeune perſonne, qui s'appelloit la Si-
gnora Antonina, changea tous ſes deſſeins,
rompit toutes les meſures qu'il avoit priſes
pour s'avancer, & lui fit perdre ſon Canonicat.

Antonine étoit fille d'un très-celebre A-
vocat de Rome, laquelle avant que de venir au monde, en étoit déja ſortie par une
avanture des plus extraordinaires, qui arriva à ſa mere, & pour la bien faire entendre, je la rapporterai ici, puis qu'elle vient
très-à-propos à notre ſujet.

HISTOIRE

*Extraordinaire d'une femme qui fut enterrée
toute vivante & enceinte, & qui a vêcu
nombre d'années, après être ſortie de ſa ſe-
pulture.*

L'Avocat *Boromei*, c'eſt le nom du
Pere d'*Antonine*, avoit épouſé la Fille
d'un de ſes Confreres, qui lui apporta
près de cent mil livres de Biens, elle étoit
Fille unique : & comme *Boromei* avoit
pardevers lui un fond plus fort, de
moitié, que celui qu'elle lui apportoit en ma-

A 3

riage,

riage , étant d'ailleurs honnête homme ,
& très-habile dans sa profession ; * il avoit
tout lieu d'esperer de passer des jours très-
heureux par l'alliance qu'il contractoit avec
cette Fille , qui outre une si grosse dot,
étoit douée encore d'une très-grande beauté & d'une vertu à l'épreuve.

Boromei avoit été cinq ou six ans sans
que sa femme fît paroître aucun fruit de
leur mariage , ce qui les chagrina d'a-
bord extrememement ; mais ils firent tant
de vœux & de pelerinages , qu'à la fin
leurs prieres furent exaucées , & sa Femme se trouva enceinte de la belle Antonine , laquelle ne vît le jour que par une
espece de miracle.

La Mere de cette aimable personne étant
sur le neuviéme mois de sa grossesse , eut
une si grande peur , allant à Tivoli , par
une chute qu'elle fit en tombant d'une
Chaise roulante , où elle étoit avec son
mari , qu'elle en eut quelques accès de fievre assez violens , & parut aux Medecins,
quoiqu'elle ne se fût point blessée , en un
danger extrême de sa vie , elle fût quelques
jours en cet état , & enfin nonobstant toutes sortes de secours imaginables, on la porta en terre le quinziéme de sa maladie.
De

---

* *C'est-à-dire, Advocatus, & non latro, O! Res miranda.*

De décrire ici les regrets de son pere, & l'affliction de *Boromei*, celà ne se peut exprimer ; car en perdant une si honnête femme, qui causoit toute la joie qu'il avoit au monde , mourant sans enfans , il falloit restituer encore au pere , la grosse dot qu'il en avoit touchée : il fallut cependant qu'il se detérminât à la faire enterrer. On voulut tenter l'operation Cesarinne pour sauver son fruit, mais les Medecins & les Chirurgiens aiant jugé que la mere & l'enfant avoient perdu la vie , on se disposa à leur donner la sepulture.

Il est essentiel ici de savoir , que *Boromei* avoit fait de gros presens à sa femme , & particulierement de bijoux , comme colliers de perles , pendans d'oreilles , bagues de diamans, d'un très-grand prix. Le bruit courut en l'enseveliffant, que son mari avoit voulu , (penetré de la plus vive douleur dont un honnête homme puisse être capable, pour une si grosse perte,) que l'on laissât à sa femme un jonc d'or qui est l'anneau qui se donne ordinairement à la fiancée , & une petite bague du prix de trente Louïs : aiant vendu sur le champ le reste, dont il fit faire la distribution aux pauvres, pour prier Dieu pour elle. On la porta le lendemain dans le

Cimetiere de Notre Dame del Populo,
pour y être inhumée, suivant son testament, qu'elle avoit fait dans le moment
qu'elle s'étoit trouvée enceinte. Sans en
raporter la ceremonie qui fut des plus tri-
stes qu'il y eût au monde, cette femme étant privée du jour, à l'âge de vingt-
cinq ans, & étant universellement regrettée
de toùs ceux, dont elle avoit été connuë,
je me contenterai de dire que tous ses
amis y assisterent, de même que tout son
voisinage, avec des marques sensibles d'une
veritable douleur. Pour son époux il n'é-
toit pas consolable ; aussi la perte qu'il venoit de faire, étoit inexprimable ; enfin l'enterrement fait, de cette aimable personne,
sur les dix heures du soir, chacun s'étant
retiré, après avoir bien été versé des pleurs,
le Fossoieur de Notre Dame del Populo
qui avoit fait la fosse de cette jeune femme, plus par interêt, que par curiosité,
sûr les deux heures après minuit, que tout
le monde étoit couché, & qu'il faisoit très-
noir dans les ruës, s'avisa, s'étant muni d'u-
ne petite lanterné sourde, d'une pioche,
& d'une pelle, d'aller fouiller dans cette
fosse, & de tacher de profiter des bagues qu'il
avoit entendu dire qu'on lui avoit laissez.
Il retourne donc au Cimetiere, & aïant
                                    levé

levé la terre qui étoit deſſus la bierre,
il l'ouvrit ſans faire de bruit, & dévelo-
pant le corps de cette pauvre jeune femme, il voulut lui tirer du doigt le jong
d'or, dont nous avons parlé ci-deſſus ; &
cherchant à l'autre main la bague qu'on di-
ſoit que ſon mari lui avoit laiſſée, & ne
l'y trouvant point, il ſe repentit de s'être
donné tant de peine pour ſi peu de choſe.
Il fit les derniers efforts pour lui tirer ce
jong, & voiant qu'il n'y pouvoit parvenir,
il prit un méchant coûteau qu'il avoit dans
ſa poche, & ſe mit en devoir de lui couper le doigt, afin de l'en tirer avec plus de
facilité. L'expedient étoit prompt effectivement, mais il étoit par-trop cruel.

Cette femme qui avoit été cruë morte,
& reconnuë pour telle, de même que ſon
fruit, étoit ſeulement tombée dans une furieuſe lethargie : ſes Medecins & ſes Chirurgiens s'étant trompés lourdement dans
cette occaſion, l'avoient abandonnée comme une perſonne qui étoit paſſée en l'autre monde, quoi qu'il lui reſtât encore bien
des affaires à faire en celui-ci, que leur
ignorance penſa lui empêcher d'achever.

Mais grace à Dieu, & à ce fripon de
foſſoieur, elle apella comme d'abus, de l'ar-
rêt de mort, qu'ils avoient prononcé contre

tre elle ; & quoi qu'elle fût Juge & Partie , elle ne laissa pas que de gagner sa
cause , à la confusion de plusieurs barbes
grises , qui suivant les apparences n'avoient
pas envisagé les simptômes de cette maladie plus loin que la pointe de leurs mou-
staches.

Comme le fossoieur commençoit à lui
couper le doigt, cette femme fit un grand
soupir, ouvrit les yeux , & se voiant toute
nuë entre les bras d'un homme qu'elle
ne connoissoit point , elle lui déchargea
un si grand soufflet, que du coup qu'il en
reçut , & de la peur qu'une action si extraordinaire lui causa , il tomba de l'autre côté plus mort cent fois que celle
qu'il venoit de déterrer. Il voulut cependant , aiant repris ses esprits , se rappro-
cher de cette fosse pour la fermer prontement , de peur que cette affaire étant reconnuë , on ne lui fît perdre son emploi;
mais aiant vû cette femme se lever toute
droite & en sortir , en s'envelopant du
drap , dont elle avoit été ensevelie , il ne
prit point d'autre parti, que celui de s'en-
fuir , & la laissa seule dans cet équipage , où il eût bien pû lui procurer quelque secours , si la peur ne l'eût pas d'a-
bord saisi, aiant éprouvé, il n'y avoit pas
long-

long-tems la force de son bras, & craignant qu'elle ne revînt à la charge, la sortie de cette fosse ne lui presageant rien
de bon pour ses épaules.

Il gagna donc au plus vîte sa maison,
qui étoit assez près de l'Eglise, aiant laissé
près de cette femme, sa lanterne, sa pioche & sa pelle, qu'il n'avoit pas été assez
hardi d'aller rechercher.

Cette pauvre déterrée reconnoissant le
lieu où elle étoit, se douta qu'on l'avoit
cru morte; & quoi qu'il y eût trois ou quatre ruës assez longues à passer, pour retourner à l'endroit, d'où on l'avoit aporté,
qui étoit près de *La Trinité du mont*, elle se
traîna du mieux qu'elle put, appuiée sur
la pelle du Fossoieur, tenant d'une main
la petite lanterne sourde, qu'il lui avoit
laissée, jusqu'au logis de son mari; où elle
arriva dans l'état que nous la venons de
dépeindre, n'aiant rencontré heureusement
personne en son chemin : ce qui fut un
bonheur pour les uns & les autres; car il
n'eût pas été possible de la voir, dans un
si affreux équipage, sans qu'elle n'eût cau-
sé beaucoup d'effroi. Etant donc arrivée à
son ancien logis, elle sonna à la porte plusieurs fois, sans que personne répondît : son
mari étoit couché, & ses valets qui n'at-
ten-

tendoient perſonne, à l'heure qu'il étoit,
ne s'embaraſſérent point d'aller ouvrir.

Leur Maître, qui n'avoit pas fermé l'œil,
depuis qu'il s'étoit mis au lit , faiſant
ſes douloureuſes réflexions ſur la mort de
ſa chere Femme, qui avoit été enterrée
il y avoit ſi peu de tems , entendant toûjours qu'on continuoit de ſonner à la porte, fit lever un de ſes Etaffiers , lequel
étant deſcendu, & aiant ouvert une petite
jalouſie, qui donnoit ſur la ruë, aperçut
ce fantôme vivant , qui lui fit perdre la
parole. Il referme tout épouvanté, ſa petite fenêtre , & étant rémonté à la chambre de ſon Maître, il eut bien de la peine à lui dire ce qu'il venoit de voir. Mais
Boromei s'impatientant, & voulant ſavoir
qui étoit à ſa porte ſi matin , fit relever
un autre de ſes Etaffiers , qui lui vint raporter, la même choſe que le premier : à quoi il
ne voulut ajoûter aucune foi, les traitant
tous deux de viſionnaires, & s'imaginant que
quelques vapeurs du vin grec, qu'ils avoient
bu, lors de l'enterrement de leur maîtreſſe, leur avoit troublé la cervelle. Cependant conſiderant leur obſtination à ſoutenir, que ce qu'ils avoient vû , étoit veritable ; *Boromei* ſe laſſant d'entendre toûjours ſonner , ſe leva, & aiant pris ſa Robe

be de chambre, ſon épée d'une main, & ſon poignard de l'autre; il vint lui-même ouvrir la jalouſie; & voiant la verité de ce que ſes Etaffiers venoient de lui rap-porter, il fut un peu ému à cet objet, qu'il prit pour l'ombre de ſa femme: & s'étant un peu remis, après l'avoir bien conſiderée avec étonnement, il lui demanda ce qu'el-le deſiroit, *Ouvrez-moi la porte*, commença-t-elle à lui dire, *mon cher mari, je vous en prie.* A ces mots *Boromei* reconnoiſſant la voix de ſa femme, ne douta point, que ce ne fût elle-même; il lui ouvrit la por-te, & l'aiant conduite dans ſa chambre, il l'a fit coucher dans ſon lit, étant très-aiſe de la revoir morte, ou vive; car il ne ſavoit, non plus que ſes Domeſtiques, ce qu'ils en devoient juger.

Quoi qu'il en parût à *Boromei*, il com-mença par lui faire prendre un bon grand verre *de lacrima Chriſti*, qu'elle but tout d'un trait, & lui en preſenta un ſecond qu'elle avala de même; ce qui lui rechauf-fa beaucoup l'eſtomac, car chacun ſait que c'eſt le vin le plus violent de toute l'Ita-lie.

Cette forte liqueur, lui aiant un peu re-mis les eſprits, elle pria ſon mari de n'a-voir aucune peur, que c'étoit elle-même,

qui

qui venoit de fortir de fa foffe , qu'elle étoit
grace à Dieu bien vivante ; & que fi l'on
vouloit avoir foin d'elle , qu'on pourroit
bien l'en rechaper , qu'elle fe fentoit le
cœur bon , & que fon enfant n'étoit point
mort , l'aiant fenti remuër au premier verre de vin qu'elle venoit de boire.

Boromei fe tâtant de tous côtez pour
fe fentir , & doutant toûjours de ce qu'il
voioit, quoi que rien ne lui parût plus naturel , il s'imaginoit que c'étoit un fonge,
puifqu'il avoit vû fa femme mettre dans un
cercueil , il n'y avoit pas plus de quatre
à cinq heures : enfin le defir qu'il eut,
qu'il devînt une verité, & fe plaifant dans
ce qu'il croioit erreur, qui lui faifoit revoir
ce qu'il avoit tant aimé , il lui répondit,qu'il
étoit rare qu'on revînt de l'autre monde
fi prontement qu'elle venoit de faire ;
qu'aparamment elle étoit bien-heureufe,
puifqu'elle avoit eu la liberté de lui venir
dire adieu. Les valets la regardoient toûjours de côté, en tremblant ; & cette femme, quoi que dans un état digne de com-
paffion , pria fon mari de lui donner encore un verre du même vin , dont il l'avoit
regalée d'abord ; ce qu'il fit très-pronte-
ment , & à l'inftant l'enfant qui étoit dans
fon corps, faifant de nouvaux bons , elle
                                        prit

prit la main de ſon mari, pour le lui faire ſentir ; mais cette action l'aiant épouvanté, il ne ſe la laiſſa conduire au lieu où re-muoit l'enfant, que tout en tremblant ; & aiant ſenti les mouvemens extraordinaires que faiſoit ce pauvre innocent, il ſe raſſu-ra entierement, & envoia en toute dili-gence reveiller tous les Medecins & les Chirurgiens de même que tous ſes amis, qui avoient cru ſa femme morte, pour être témoins de ſa reſurrection.

Il eſt inutile de rapporter ici tout ce que la Medecine ſouffrit, en cette occaſion, non plus que ce qui fut fait pour le ſou-lagement de cette jeune perſonne : On y travailla avec tant de zele & d'affection, qu'excepté ſon foſſoieur, il n'y eut per-ſonne, qui n'eût bien-tôt le plaiſir de la revoir ſur pié.

Son accouchememt fut retardé de deux mois, par des cauſes toutes naturelles ; au bout deſquels elle mit au monde la belle *Antonine*, qui fait le ſujet de l'avanture que je viens de raconter.

La joie de *Boromei* fut ſans égale, ils ont vêcu nombre d'années enſemble ; & ou-tre *Antonine* elle s'eſt par la ſuite trouvée mere de ſix beaux enfans qui ſont au mon-de, & font l'honneur de toute leur famille

en-

encore aujourd'hui dans la ville de Rome, où cette avanture est aussi fraîche que si elle venoit d'y arriver.

Le Fossoieur, pour une si belle action, fut condamné pour trois ans aux galeres; mais *Boromei* auquel il avoit rendu un si grand service, en lui retirant des mains de la mort une femme si aimable, s'étant rendu son protecteur, il le fit décharger de cette peine, & lui assura du pain pour le reste de ses jours dans la ville de Sienne, où sa famille y est encore à present établie.

Sans nous attacher davantage à la suite de cette histoire, que je n'ai décrite ici que par occasion, à cause de celle de *Bertinetti* Chanoine de Ste. Marie Majeure qui fait le sujet de cet Ouvrage, auquel elle a beaucoup de liaison; je continuerai de dire que la belle *Antonine* l'aiant frappée au vif, il en devint éperduëment amoureux. Elle n'avoit pas pour lors plus de dix-sept à dix-huit ans; c'étoit une très-aimable brune, mais coquette au dernier point; de maniere que ce fut un très-grand malheur que l'attachement que *Bertinetti* eut pour cette jeune personne, puisqu'elle fut cause de plusieurs accidens très-funestes. Lorsque *Bertinetti* lui déclara sa passion elle étoit

déja

déja en commerce d'amouretté avec le Che-valier *Urbini* qui étoit un jeune homme, d'une famille très-illuſtre de Rome, qui cherchoit ſeulement à paſſer ſon tems avec elle, ſans ſonger aucunement au mariage.

Bertinetti aiant reconnu ce Rival redou-table, en craignit tout au monde, & n'aiant point de bien que ſon Canonicat, il ſe trouva dans de grandes inquiétudes, voulant cependant ſatisfaire ſa paſſion à quel prix que ce fût.

Antonine cette jeune beauté, écouta *Bertinetti* & reçût les homages qu'il lui fit de ſon cœur avec une extrême joie; elle répondit beaucoup à ſes empreſſemens, & elle l'enchaîna ſi bien au nombre de ſes eſclaves, qu'il ne put s'en débarraſſer quelqu'effort qu'il voulût faire ſur lui-mê-me, pour ſe rendre maîtré d'une paſſion dont la ſuite ne lui préſageoit rien de fa-vorable.

Les gens d'eſprit ſont quelquefois ſujets à faire de grandes fautes; & *Bertinetti* eut le malheur, s'étant laiſſé entraîner au pan-chant qu'il ſe ſentoit pour cette aimable fille, qu'il oublia ſon devoir, perdit ſa raiſon, ſon bien, ſon honneur & ſa liberté.

Il ne ſe fut pas plutôt déclaré à *Antoni-ne*, qui avoit reçu ſes vœux, qu'il la pria de congedier le Chevalier *Urbini* : la vûë de ce Rival lui étant infuportable. Pour un Chanoine fur lequel il n'y avoit aucune efperance , c'étoit d'abord vouloir beaucoup exiger de fa Maîtreffe , qui pouvoit avoir des vûës de Mariage avec *Urbini* ; mais *Bertinetti* lui aiant fait voir le fond de fon cœur , où elle reconnut une paffion fi pure , un amour fi tendre & fi parfait , fa bouche & fes yeux lui aiant expliqué les plus fecrets fentimens de fon ame , & découvrant le feu dont il étoit devoré ; cette jeune perfonne ne put refifter aux charmes de fon Amant , & fans balancer , elle lui accorda l'éloignement d'*Urbini* , & lui promit de s'attacher uniquement à lui feul.

Il n'y avoit que l'état Ecclefiaftique qu'avoit embraffé *Bertinetti* qui l'inquiétoit ; mais comme il n'avoit point encore pris les ordres , il affura *Antonine* qu'ils pouvoient fe marier enfemble fecretement , & conferver fon benefice.

Antonine ne demandoit pas mieux que de l'époufer ; mais elle vouloit que ce fût de l'agrément de fa famille , & qu'il quittât fon Canonicat. Il eut beau lui remontrer que c'étoit tout fon patrimoine , il n'y eut rien à faire , il fallut obéir à fa Maîtreffe , qui lui faifoit entendre qu'elle avoit fuffifamment de bien pour tous deux.   Que

Quĕ né fait-on point quand on aime, & qu'il eſt dangereux pour une fille d'être trop belle, & à un honnête homme de s'y attacher inconſiderément ! *Bertinetti* quitta aveuglément le petit colet pour l'épée, il ſe preſente en cet équipage à la belle *Antonine* qui fut dans le commencement charmée du ſacrifice qu'il lui faiſoit pour la poſſeder : elle promit de reconnoître cette marque ſenſible qu'il venoit de lui donner de ſa paſſion, en partageant ſa perſonne, ſon bien & toute ſa fortune avec lui.

Bertinetti du conſentement d'*Antonine* la demanda en Mariage à ſon pere & à ſa mere ; mais il ſe trouva bien éloigné de ſon compte, lorſque *Boromei* lui dit que ſa fille étoit encore trop jeune pour la mettre dans le Sacrement, qu'il avoit des vûës pour ſon établiſſement, qu'il ne pouvoit pas changer, qu'il le remercioit de l'honneur qu'il lui faiſoit d'avoir recherché ſon alliance, mais qu'il le prioit pour ſon répos de n'y plus penſer.

Voilà un coup de foudre pour nos deux Amans qui ne ſe peut exprimer : mais ce n'étoit encore rien en comparaiſon de ce qui leur arriva par la ſuite.

Boromei ſachant que ſa fille entretenoit

B 2

déja

déja plusieurs galanteries avec differentes personnes, la trouva un peu trop avisée pour son âge ; & pour la retenir un peu en bride , il resolut avec sa femme de la mettre en pension aux Urselines où ils la conduisirent le lendemain , sans qu'elle pût trouver le moien d'en avertir son Amant.

Bertinetti aiant néanmoins apris par d'autres endroits la retraite d'*Antonine* , entra dans le dernier desespoir, son Canonicat étoit rempli , & il avoit remercié le Chapitre ; il fut quelques jours à courir les ruës comme un homme qui avoit perdu l'esprit : ce qui le mortifia encore plus que toutes les pertes qu'il venoit de faire, c'est qu'aiant rencontré près le Pont S. Ange le Chevalier *Urbini*, qui aiant vû *Bertinetti* l'épée au côté & le poignard de l'autre, habillé à la maniere d'un Gentilhomme Romain, ne put s'empêcher de lui lâcher quelque raillerie piquante, sur une si prompte metamorphose. Mais *Bertinetti* qui n'étoit pas endurant , lorsqu'*Urbini* vint à lui dire qu'il n'y avoit que la belle *Antonine* qui put être cause d'un si grand changement ou plutôt d'une pareille folie , il mit l'épée à la main ; & *Urbini* ne voulant pas profiter de l'avantage qu'il avoit sur un homme qui toute sa vie n'a-

voit

voit manié qu'une aumus, ſe contenta de parer les bottes qu'il lui allongeoit avec ſa canne ſeulement, & après avoir caſſé l'épée de *Bertinetti*, il lui en déchargea quelques coups ſur les épaules pour le faire reſſouvenir de la premiere expedition de ſa vie.

Ils ſe fuſſent égorgés ſur la place, ſi les gens de l'Ambaſſadeur d'Eſpagne qui alloit au Vatican, ne les euſſent ſeparez; mais ce ne fut que pour ce coup, car chacun ſait qu'à Rome & par toute l'Italie, c'eſt par de ſanglantes vangeances, qu'éclate le reſſentiment de ceux qui ont été offenſez.

Pluſieurs braves à trois poils, dont Rome & tout l'Etat du Pape ſont remplis, aiant ſeu le differend qui étoit ſurvenu entre le Chevalier & *Bertinetti*, propoſérent à ce dernier de ſe défaire de ſon adverſaire pour ſept ou huit piſtoles.

Bertinetti aiant accepté la propoſition, ſon Rival fut aſſaſſiné deux jours après, lorſqu'il rentroit chez lui; & un des malheureux qui avoient fait le coup, aiant été arrêté par des Sbyres, il declara que c'étoit *Bertinetti* qui les avoit mis en œuvre. Voilà donc une affaire d'une autre conſequence qui lui tombe ſur les bras, il est obligé de sortir de Rome, & de se déguiser en Pelerin, pour éviter les pour-suites qui se faisoient contre lui.

Pour cette fois les amours & la fortune de *Bertinetti* se trouvérent furieusement dérangées ; aussi-tôt qu'il eût apris que son Rival étoit mort, & qu'un de ses assassins étoit arrêté prisonnier, il retourna chez lui pour prendre seulement deux ou trois cens pistoles, qui étoit le fruit de toutes ses épar-gnes depuis qu'il étoit Chanoine ; & étant entré chez un ami, il lui laissa son équi-page de Cavalier pour endosser le roquet & l'habit de Pelerin, qu'il lui fit trouver dans le moment ; puis sortant muni d'un bour-don, d'une calebasse, de la boite de fer blanc & de quelques passeports, il prit la route de *Lorette.* Il ne fut pas jusqu'à *Ponte-mol** sans trouver des camarades de la même Con-frairie qui sortoient de l'hôpital de la Tri-nité dont ils louoient avec exageration, la bonne reception qui leur avoit été faite durant trois jours qu'ils y avoient sejour-né ; & comme ils avoient été servis par le Pape même, à la table qu'il fait dresser pour les étrangers dans le Vatican tous les jours, un de ces Pelerins qui étoit Fran-çois montroit la Medaille que le Pape lui avoit

* *C'est la sortie de Rome par la porte del populo.*

avoit donnée laquelle étoit d'argent; elle repreſentoit Notre Seigneur d'un côté, & Sa Sainteté de l'autre.

Il faut ſavoir qu'ordinairement le Pape ne donne que des Medailles du cuivre, pour tous ces ſortes d'étrangers, qui viennent en Pelerinage ; & c'eſt une grande marque de diſtinction qu'il fait d'aucuns d'eux, lorſqu'il leur en gliſſe quelqu'une d'un autre metal.

Ce François & un de ſes camarades s'é-toient trouvez au diné du Pape, avec deux Gentils-hommes Portugais, & huit au-tres particuliers de differentes nations, tous habillés en Pelerins, & qui étoient les mê-mes auxquels *Bertinetti* ſe joignit en ſor-tant de Rome ; ils avoient une furieuſe con-teſtation ſur leurs Medailles, parce que ceux qui n'en avoient eu que de cuivre étoient très-jaloux, de voir la maniere dont les autres avoient été diſtinguez par le Pape.

Bertinetti les voiant ſe picoter là-deſſus, prit occaſion de faire connoiſſance, & ra-doucit un peu les eſprits, diſant à ceux qui étoient chagrins, que cette avanture arrivoit plutôt du hazard, que par aucune attention, que Sa Sainteté y apporta. Il ſceut ſi bien leur faire entendre raiſon, que le voiant vêtu comme eux ils l'écoutérent &

se laissérent persuader tout ce qu'il voulut leur dire , lui reconnoissant de l'esprit & du monde : on ne douta point que ce ne fût un homme de qualité qui sous l'habit qu'il portoit cachoit peut-être une grande penitence.

Il fut donc reçu dans cette Compagnie peregrinante avec des marques d'une satisfaction generale , il coucha avec eux dans tous les hôpitaux , qui sont établis sur la route , & dans tout l'Etat ecclesiastique, dont il n'est point hors de propos que je dise un mot de leur établissement , & des raisons de leur fondation.

Dans toute l'Italie les Etrangers ont un agrément très-grand , par les soins , que les Papes ont pris de les faire recevoir sans qu'il leur en coute rien , pourvû qu'ils aient des Lettres de leurs Evêques , qui prouvent qu'ils sont Catholiques, & qu'ils sont partis de leur païs pour visiter les saints Lieux. Il n'y a petite ni grande Ville , où ils ne trouvent un azile assuré en y arrivant pour le soupé , le couché & le déjeuné le lendemain , celà ne leur manque pas ; s'ils sont malades , on les y retient ; s'il sont blessez , on les panse , on les guerit , & on leur fait encore present de quelque argent pour les soulager dans leurs pelerinages. L'on

L'on remarque dans les principales Villes, comme Florence, que le grand Duc lui-même vient à l'Hôpital de St. *Thomas d'Acquin* preſque tous les jours, où il ſert nud tête, accompagné des plus grands Seigneurs de ſa Cour, tous les Pelerins étrangers qui y ſurviennent. Il les accable d'honneurs & de Civilités, leur faiſant très-ſouvent de très-gros preſens, qui font connoître qu'il n'eſt pas moins humble que liberal.

Bertinetti étant arrivé ſans qu'il lui en coûtât un ſou dans la Ville de Lorette avec la petite troupe, il fit ſes devotions, & y ſejourna huit jours pour s'y repoſer dans l'Hôpital établi par le Pape Sixte V. qui eſt ſous la direction des Peres Jeſuites, où il eſt permis à chaque étranger qui y paſſe, d'y reſter à peu près ce tems-là, étant durant tout ſon ſejour regalé de toutes manieres, & par la bonne chere & par les bons vins de *Kirié*, & de *Monte fiaſcone*, dont il y a un gros vaiſſeau à trois fontaines, qui coule jour & nuit pour tous ceux qui en veulent boire.

Ils reprirent enſuite de compagnie le chemin de la marche, & aiant paſſé à *Cirol* où l'on voit ce Crucifix miraculeux, qui ſuë, ſans que perſonne en approche,

ils

ils passérent à Spolette, & se rendirent ensemble dans la Ville d'*Ancone*, qui est
très-jolie, & forme un port de mer assez
assuré & bon, pour contenir une centaine
de vaisseaux.

Le dessein de *Bertinetti* étoit de se rendre à Venise avec les deux François qui
lui avoient fait dans le voiage plus d'honnêtetés que les autres ; mais ne trouvant
point d'embarquement à *Ancone*, ils furent obligez de venir par la poste aux
ânes, qui est établie très-regulierement tout
du long de la côte, jusqu'à *Boulogne la
grace*, où s'étant separez des autres Pelerins & aiant quittai de même que les deux
François, (dont nous avons parlé ci-devant,) leurs Roquets & leurs Bourdons,
ils s'embarquérent sur le Pô, passérent à
Ferare & se rendirent à Venise en qualité de Gentils-hommes étrangers.

Bertinetti y trouva plusieurs personnes de
ses amis, qui ne le reconnurent point,
aiant fait couper ses cheveux qui étoient
déja assez écourtés, & portant une peruque extrêmement blonde; il étoit impossible
sous ce déguisement, qu'on pût discerner
un Chanoine de Rome, qui avoit les cheveux très-noirs naturellement.

Ils restérent un mois à Venise pour en
voir

voir les beautez ; & par avanture un des deux François aiant trouvé ſon frere, qui étoit Secretaire pour lors de l'ambaſſade du Roi très-Chrétien, celà leur donna occaſion de voir tout ce qu'ils pouvoient ſouhaiter dans ce beau ſejour avec les derniers agrémens.

Comme *Bertinetti* jouoit admirablement bien du lut, & que c'étoit ſes amuſemens ordinaires, dont il charmoit ceux qui l'entendoient ; il arriva qu'un jour l'Ambaſſadeur de France paſſant dans ſa Barque magnifique, apperçut *Bertinetti*, qui étoit avec des Dames dans une petite Gondole à demi couverte ; il fut ſurpris d'entendre toucher ſi delicatement un inſtrument ſi difficile, il fit arrêter la Gondole, & pria toute la Compagnie de ſe rendre dans ſa Barque, & de venir dans ſa chambre, où il y avoit deux Nobles Venitiens & trois ou quatre Femmes.

Mr. l'Ambaſſadeur loua & careſſa beaucoup *Bertinetti*, & l'aiant prié de jouër ſes plus beaux Airs italiens, il en fut tellement enchanté, qu'il chercha dès le moment tout les moiens de l'engager à venir en France, à quoi il avoit aſſez d'inclination, par l'amitié qu'il avoit contractée avec les deux Pelerins de la même nation,

outre

outre un grand desir qu'il avoit toûjours eu de voir un païs, dont il avoit tant ouï dire de belles choses.

Il répondit aux honnêtetés de l'Ambassadeur, & s'attacha à sa personne en qualité de Sous-secretaire, & plut si fort, qu'il eut le bonheur de se rendre en France, sans qu'il lui en coutât aucune chose.

Il est à propos de savoir, que Monsieur l'Ambassadeur de France étoit allié, même parent très-proche à Monsieur *Fouquet*, qui pour lors étoit Procureur General du Parlement de Paris. *Bertinetti* aiant eu occasion de parler à Mr. *Fouquet*, & de lui rendre compte de la part de son Maître de quelques petites affaires d'Italie, il lui reconnut tant d'esprit qu'il resolut de le faire entrer à son service, & il se determina de l'emploier dans les Negotiations étrangeres, dont il possedoit presque toutes les langues; il en fit l'ouverture à *Bertinetti* à la seconde visite qu'il lui fit; & comme il s'agissoit de sa fortune, suivant les apparences, du consentement de son premier Maître, il passa chez Monsieur Fouquet, qui six mois après fut choisi pour le premier Ministre d'Etat.

La premiere Negotiation d'affaire, dont *Bertinetti* fut chargé, ce fut à Cologne, où Mr. *Fouquet* l'envoia *incognito*, dans

la-

Jaquelle il réüſſit par merveille ; il y reſta près d'une année entiere qui ne ſe paſſa pas ſans quelque avanture, car il étoit né pour plus d'une ; & celle que je vais rapporter, dont les incidens ſont aſſez extraordinaires, pourra peut-être donner quelque plaiſir à ceux qui la liront.

AVANTURE

Extraordinaire, arrivée à *Bertinetti* dans la Ville de Cologne.

Qui prouve, qu'il eſt quelquefois très-dangereux de laiſſer coucher deux Filles enſemble, toute innocente que paroiſſe cette action.

BErtinetti très-peu occupé des affaires, dont le Miniſtre l'avoit chargé, cherchoit de tous côtez quelque objet, qui pût l'amuſer, le conſoler de la perte d'*Antonine*, & le deſennuier dans ſes heures de loiſir. Il revenoit un jour de la Meſſe de la Cathedrale, lors que trouvant à ſon chemin, deux Demoiſelles aſſez bienfaites, il y en eut une, qui s'étant un peu embarraſſée

dans

dans la presse ; & ne sachant par où en sortir, il lui donna la main par honnêteté, qu'elle accepta très-agréablement, & d'un air fort enjoué, voiant à ses manieres, que c'étoit un homme de qualité, & d'ailleurs de très-bonne mine, fait comme nous l'avons ci-devant dépeint ; il l'écarta du monde le mieux qu'il put, & aiant réjoint, l'autre Demoiselle qui s'étoit sauvée par un autre côté, il les reconduisit chez elles, où trouvant leur Pere sur la porte de sa maison, on l'engagea d'y entrer, & il y fut même retenu à dîné pour cette premiere fois.

Ces deux Demoiselles étoient Sœurs, Filles d'un riche Marchand que je ne nommerai point pour raisons ; elles étoient fort jeunes, puisque l'aînée ne passoit pas vingt ans. *Bertinetti* profitant de cette nouvelle connoissance s'attacha très-fort à la Cadette, lui en conta très-serieusement, & s'étant fait connoître au Pere pour ce qu'il étoit, il fut reçu avec tous les agrémens qu'il pouvoit souhaiter pour un Etranger

Comme le bel endroit de se faire estimer des belles, consiste ordinairement à leur procurer du plaisir, & à faire quelques dépenses distinguées près d'elles, *Bertinetti* n'oublia rien pour gagner promptement le cœur de sa
jeu

jeune Maîtreſſe. Il n'étoit pas novice ni apren-
tif dans l'art de ſe faire aimer ; il reconnut
auſſi peu de tems après que ſon entrepriſe
réüſſiroit, & conſiderant que ces deux filles
n'aiant plus de mere, leur pere étant fort
riche & fort âgé, elles ſe voioient à la veille de jouïr de très-gros biens, il ſe déter-
mina ſerieuſement, aiant trouvé la Cadette
très-convenable à ſon humeur, de l'épouſer ſi elle y vouloit conſentir, & de la demander à ſon pere, lui ſacrifiant *Antonine*,
ſur laquelle il n'avoit plus d'eſperance.

Un jour qu'ils étoient enſemble à ſe promener à une maiſon de Campagne qui
appartenoit à un de leurs amis, *Bertinetti*
aiant remis *Valentine* (c'eſt le nom de cette
nouvelle Maîtreſſe) ſur le chapitre de ſes
amours, & l'aiant pouſſée aſſez vivement
ſur la concluſion, lui faiſant entendre qu'il
n'avoit pour elle que des vûës très-legiti-
mes, elle lui permit de s'expliquer autant
qu'il voulut ; & quoiqu'il ni eût que cinq
ou ſix mois qu'elle le connut, le voiant
attaché à elle d'une maniere ſi reſpectueu-
ſe, elle lui promit d'agréer ſa recherche,
& l'aſſura qu'il ne tiendroit pas à elle qu'il
ne fût heureux. Il ne la quitta point ce
jour-là ſans tirer de *Valentine* une promeſ-
ſe de Mariage, & il lui en donna une pareille.

reillé, dont l'un & l'autre furent des plus contens. La sœur de *Valentine* qui fût témoin de toute l'avanture témoigna aussi être très-satisfaite de cette alliance, prevoiant que sa sœur par ce Mariage ne pouvoit manquer d'être parfaitement bien établie, & qu'elle pourroit aussi trouver ensuite le moien de se pourvoir en France, ou ailleurs, aussi avantageusement que sa cadette, par le crédit de son époux.

La conclusion de cette affaire ne rouloit plus que sur le consentement du Pere; mais comme c'étoit un parfaitement honnête homme, qui ne cherchoit effectivement qu'à bien placer ses Filles, qu'il les aimoit uniquement, elles assurérent *Bertinetti* qu'elles n'auroient aucune opposition de sa part; ainsi elles comptérent dés ce moment l'affaire plus de moitié faite.

Ces deux Sœurs s'aimoient au delà de tout ce que l'on en peut penser, elles ne se quittoient ni jour ni nuit, & même depuis leur naissance elles n'avoient jamais cessé de coucher toûjours dans le même lit : l'aînée ne put s'empêcher de dire à *Valentine* qu'elle alloit bien souffrir de la voir entre les bras d'un homme, & qu'elle ne savoit pas comment elle pouroit en son particulier se passer d'elle, & coucher seule.

Ber-

Bertinetti lui promit de lui donner dans peu quelqu'un qui la conſoleroit de cette perte & qu'il ſongeroit à ſon établiſſement d'une maniere, qu'il eſperoit qu'elle lui en auroit obligation.

Dès le lendemain il fut réſolu d'en parler au pere de *Valentine*, qui avoit été dejà prevenu par ſes deux filles. *Bertinetti* ne chercha perſonne que lui-même pour lui faire ce compliment. Ce bon Marchand qui avoit deſſein de paſſer en France, & qui conſideroit le poſte très-avantageux de *Bertinetti* pour l'établiſſement de ſes filles conſentit à tout, mais il voulut que Mr. *Fouquet* agréât le Mariage ; auquel *Bertinetti* en écrivit le même jour, & en attendant ſa réponſe on diſpoſa toutes choſes pour en faire la ceremonie avec beaucoup d'éclat.

Cependant ſoit que ce Mariage ne fût pas du goût de Mr. *Fouquet*, ou qu'il eût d'autres veuës pour *Bertinetti*, ou que les affaires d'Etat auxquelles il étoit occupé, retardaſſent la réponſe, qui étoit attenduë de tous côtés avec l'impatience que doivent avoir en pareilles occaſions deux jeunes perſonnes qui s'aimoient ſi tendrement, ils furent ſix ſemaines ſans en recevoir aucune nouvelle ; & *Bertinetti* ſe propoſoit lui-même de prendre la poſte, pour aller cher-

C

cher

cher le consentement qui retardoit l'accomplissement de ses desirs, lorsqu'une avanture des plus étranges, fit évanouïr toutes ses esperances, & le détacha tout d'un coup, d'une recherche, qu'il ne devoit suivant les apparences jamais abandonner. Huit jours après que *Valentine* lui eut été promise pour femme, que les articles du contract en furent arrêtés, elle tomba dangereusement malade, & quelque soin qu'on y prît il fut impossible à tous les Medecins de découvrir le veritable sujet d'une si prompte revolution. *Bertinetti* étoit dans une aprehension mortelle de la perdre, il fit au monde tout ce qui étoit necessaire pour le rétablissement de sa santé sans pouvoir réüssir ; & aiant fait faire une consultation de quatre des plus habiles Docteurs en Medecine de Cologne à laquelle il assista, & aiant entendu leur raisonnement en latin qu'il feignit de ne pas savoir, il apprit qu'ils soupçonnoient *Valentine* d'être grosse. Comme dans cette assemblée il y avoit un de ces Medecins avec lequel *Bertinetti* jouoit très-souvent au Trictrac il le tira à part, & le pria de vouloir bien passer chez lui dans une heure, où il iroit l'atendre pour conferer ensemble sur une affaire qui lui étoit d'une extrême consequence.

Le

. Le Medecin s'étant trouvé au logis de *Bertinetti*, celui-ci lui déclara qu'il avoit entendu toute la conſultation qu'ils venoient de faire, au ſujet de la maladie de *Valentine*; & il le conjura de lui avouër ſi effectivement c'étoit l'opinion de tous ſes confreres & la ſienne auſſi, qu'elle fût groſſe.

Cette queſtion troubla un peu le Medecin; mais voiant que l'autre étoit informé par lui-même de ce qui s'étoit paſſé, il lui avoua la verité, & qu'il n'y avoit aucun doute qu'au bout de neuf mois cette belle perſonne ſeroit entierement guerie. Quel coup pour *Bertinetti*! le voilà dans un état pitoiable aimant cette aimable Demoiſelle au point qu'il eût au monde tout ſacrifié pour venir à bout de ſon deſſein; mais conſiderant la trahiſon qu'elle avoit voulu lui faire, il s'eſtima bien-heureux du retardement de la réponſe de Mr. *Fouquet*, & prit une ferme reſolution de ne remettre jamais le pié chez elle ni même de la voir de ſa vie.

Cependant *Valentine* étoit très-malade, & les Medecins qui n'avoient pas oſé découvrir à ſon pere ce qu'ils en penſoient, n'avoient rien ordonné pour ſon ſoulagement, l'état auquel elle ſe trouva, ne leur

per-

permettant point de lui faire prendre aucun remede.

Quelques jours se passerent sans qu'on
vît revenir *Bertinetti* chez *Valentine*, dont
toute la maison fut très-surprise, & craignit de sa part quelque grand changement.

Le pere & sa fille aînée passérent ensemble à son logis, où ils le trouvérent très-
chagrin, & très-mélancolique. Qu'avez-
vous, commença-t-il à lui dire ? nous vous
croions malade ? quoi vous abandonez ainsi votre Maîtresse, & vous la laissez mourir de douleur sans daigner lui venir tenir
compagnie, comme vous aviez coutume.

Ne parlons plus de celà, je vous prie,
Monsieur, lui dit *Bertinetti* d'un air très-
triste ; les affaires ont changé de face,
dont je suis dans le dernier desespoir. Ha!
je vous entends, reprit l'autre ; Mr. *Fouquet* ne veut pas vous donner son agrément pour ce mariage, he bien Monsieur,
en ferons-nous moins bons amis, quand
cette alliance ne se fera pas ? c'est une clau-
se essentielle de notre traité, sans quoi vous
savez, que je n'y puis pas consentir.

C'est tout autre chose, reprit *Bertinetti*,
qui rompra ce mariage ; mais je vous prie
de m'épargner une plus grande explication,
car je ne me sens pas assez de force pour
vous la pouvoir faire.   Ce

Ce bon Marchand très-ſurpris d'un pareil compliment, & ne comprenant point, quel ſujet *Bertinetti* pouvoit avoir de ſe vouloir aïnſi retirer d'une recherche, qu'il avoit pourſuivie avec tant de chaleur, lui déclara, qu'on n'en uſoit pas ainſi avec un homme comme lui, après tant de démarches dont le public étoit informé; du moins, ſi ſa Fille ne lui plaiſoit plus, c'étoit la moindre choſe de le lui déclarer.

Bertinetti voiant que le feu montoit au viſage du bon homme, qui vouloit abſolument être éclairci d'un ſi prompt changement, le pria de paſſer ſeul dans ſon cabinet, aiant quelque choſe de conſequence à lui dire, où il ne falloit point de témoins. Le pauvre bon homme de Pere laiſſant donc ſa Fille ſeule dans la chambre, ſuivit *Bertinetti,* & s'étant enfermez en particulier, il lui parla de la ſorte.

Vous voiez, lui dit-il, Monſieur, en ma perſonne le plus infortuné de tous les hommes, pour mettre attaché à Mademoiſelle votre Fille; je l'aime le Ciel m'eſt témoin de ma droiture, & des bons deſſeins que j'ai eus, lors que j'en ai voulu faire ma femme : vous n'étes pas apparamment, Monſieur, continua-t-il, informé de la verité,

rité,

rité ; je ne ſai s'il n'eſt point même très-imprudent de vous l'apprendre ; mais faiſant profeſſion d'honnête homme, & ne voulant pas vous laiſſer de mauvaiſes idées de ma conduite dans ma retraite, je vous dirai donc, que ſi je quitte *Valentine*, c'eſt qu'il y a quelqu'un de plus heureux que moi, qui m'a enlevé tout ce qui devoit être reſervé pour recompenſe d'une paſſion auſſi ardente, qu'eſt celle que j'ai reſſentie pour elle ; en un mot, Monſieur, elle eſt groſ-ſe ; les Medecins me l'ont certifié, ju-gez après celà, ſi je dois en faire ma fem-me.

Ces derniers mots aiant ſurpris extraor-dinairement le prétendu beau-pere, il ré-pondit très-honnêtement à *Bertinetti*, que ce qu'il lui apprenoit, avoit tout lieu de le ſurprendre, & qu'il en doutoit extrê-mement ; qu'il ne falloit pas ajoûter foi legerement ſur un fait de cette conſequen-ce ; que quelque envieux du bonheur de ſa Fille pouvoit avoir ſemé ces faux bruits pour troubler ſon mariage ; qu'il ne deſ-approuvoit plus le parti qu'il prenoit, ſi la choſe étoit telle qu'on lui avoit rap-portée, & qu'il alloit de ce pas éclaircir cette affaire à un point, qu'il ne doute-roit pas dans une heure de la verité. Diſant

ſant cela, il quitta *Bertinetti*, & aiant réjoint ſa Fille, qui l'attendoit avec impatience, ils retournérent enſemble à ſon logis, où aiant fait venir une ſage femme, *Valentine* fût viſitée malgré elle, & trouvée groſſe, quoi qu'elle jurât ſur tout ce qu'il y avoit de plus ſacré, qu'elle n'avoit jamais eu d'habitude avec aucun homme, & que de ſa vie elle n'avoit couché avec d'autre perſonne que ſa Sœur.

Le Pere au deſeſpoir de cette funeſte avanture, qui dérangeoit tous ſes déſſeins, vouloit immoler ſa Fille à ſon reſſentiment; & ſans une de ſes Tantes qui heureuſement ſurvint, il lui eût peut-être fait perdre la vie.

Cette bonne femme cherchant à s'éclaircir de la verité, s'approcha du lit de ſa niece, eſperant en la prenant par douceur, lui faire avouër tout ce qu'elle en devoit ſavoir ; mais l'autre qui effectivement ne ſavoit rien autre choſe que ce qu'elle venoit de dire à ſon pere, perſiſta plus de huit jours à ſoutenir que jamais homme n'avoit approché d'elle. Cette declaration fit croire que les Medecins apparamment s'étoient trompez, que ce pouvoit être des humeurs amaſſées dans ſon ventre, qui pouvoient former une hi-

C 4

dropiſie ;

dropisie ; enfin personne ne savoit quel jugement solide faire sur une maladie si étrange ; mais *Valentine* elle-même aiant sentit remuer quelque chose plusieurs fois dans son corps , qui la surprit beaucoup, elle en fit une secrete declaration à cette bonne Tante, qui après l'avoir retournée de differentes manieres , lui fit enfin avouer , que si elle étoit grosse , celà ne pouvoit provenir que de la part de sa Sœur, avec laquelle elle avoit eu plusieures habitudes, qu'elle ne croioit pas criminelles.

Cette declaration ingenuë découvrit tout le mystere , la Sœur de *Valentine* fut aussi visitée, & reconnuë plus homme que femme. Voilà une terrible nouvelle pour le Pere, qu'il fallut pourtant cacher aux yeux de tout le monde, pour ne point perdre la reputation de ses enfans ; il n'y eut que *Bertinetti* auquel il la déclara. Et comme il n'y avoit plus moien après cette avanture, qu'il songeât à épouser *Valentine*, il se contenta d'être bon ami du Pere, & ils déchirérent les articles de leur Contract de mariage , sans aucune aigreur de part ni d'autre.

Quelques mois après *Valentine* acoucha d'un beau garçon, dont *Bertinetti* voulut bien être le parain, & sa sœur aînée aiant

pris

pris un habit de Cavalier qui lui convenoit mieux que celui de fille, elle partit pour l'Eſpagne en qualité de Capitaine de Dragons ; elle s'eſt mariée à Madrid, à une Demoiſelle de qualité, dont elle a eu nombre d'enfans, qui ſont encore au monde.

Valentine ſe fit Religieuſe, & ſe retira dans un Monaſtere, qu'on reſpecte trop pour le nommer, où voiant ſes deſſeins avortés elle a renoncé au monde pour toûjours.

Bertinetti après cette avanture fut un jour très-ſurpris, de trouver à ſon auberge, un Gentilhomme Italien qui l'attendoit dans ſa chambre depuis deux heures ; lequel ſans ſe vouloir nommer, lui fit entendre, qu'il avoit été de ſes particuliers amis à Rome ; & il lui dit des choſes ſi vraiſemblables qui lui étoient arrivées, que *Bertinetti* n'eut pas grande peine à ajoûter foi à ſes diſcours. Comme il faiſoit un peu brun, & qu'il eût demandé de la lumiere, aiant enviſagé ce gentil-homme, quelle ſurpriſe pour lui ! de reconnoître ſous ce déguiſement, que c'étoit ſa belle *Antonine* qui l'étoit venu trouver.

Il n'en faloit pas davantage pour le conſoler de la perte de *Valentine* ; cette charmante perſonne qui l'aimoit uniquement &
qui

qui lui avoit promis autrefois d'être sa femme, après avoir passé une année dans le Couvent où on l'avoit enfermée, ses pere & mere ennuiez de ne la point voir, & voulant effectivement la pourvoir, l'en avoient fait sortir ; mais ne retrouvant plus dans le monde le Chevalier *Urbini*, ni son cher Chanoine, qui par son assassinat s'étoit exilé de l'Italie pour n'y retourner jamais, elle ne fut pas rentrée huit jours dans sa maison paternelle, qu'elle medita d'en sortir à quel prix que ce fût pour aller joindre *Bertinetti* dont elle venoit d'apprendre la fortune extraordinaire.

Elle s'équipa de la maniere que nous venons de la dépeindre, & sans dire adieu à personne, elle laissa sa famille dans la derniere désolation, après avoir pris dans le Cabinet de son pere un sac de deux mille pistoles. *Antonine* s'étant rendu à Paris après avoir couru tous les risques d'un si grand voiage, n'y trouvant point *Bertinetti* & aiant été très-bien informée chez Mr. *Fouquet* qu'il étoit a Cologne, elle étoit venu l'y trouver, & le surprit très-agréablement, dans le tems qu'il avoit très-besoin d'une pareille consolation.

Quelle joie pour *Bertinetti* de revoir sa premiere Maîtresse en sa possession, seule
dans

dans ſa chambre , & à ſa diſcretion ! Quelle preuve de ſa paſſion ne lui donnoit-elle pas en cette occaſion !

Il la reçut auſſi avec des marques d'un amour le plus tendre & le plus reſpectueux du monde , & lui declara , que puiſqu'elle avoit tant fait de tout abandonner pour lui, qu'il alloit l'épouſer dès le lendemain ſans en informer perſonne , & qu'il étoit ravi que le ciel l'eût reſervé pour elle.

Effectivement *Bertinetti* l'épouſa peu de jours après , & aiant informé Mr. *Fouquet* de l'avanture , il lui fit agréer ſon mariage. Il retourna avec elle à Paris , toute la Negotiation dont il avoit été chargé aiant été terminée à ſa ſatisfaction , & elle fut reçuë chez le Miniſtre , avec des marques d'une diſtinction particuliere dûë à ſon merite , & à ſa grande beauté.

Antonine étoit effectivement une des belles créatures qu'il y eut au monde , & Mr. *Fouquet* à qui *Bertinetti* la preſenta , en fut ſi charmé , qu'il en devint éperduëment amoureux ; ce qui penſa cauſer dès le commencement de leur mariage un très-grand divorce ; mais cette charmante épouſe , qui avoit encore plus de vertu que de beauté , ſçut ſi bien ménager la paſſion que le Miniſtre lui temoignoit , avec ce qu'elle

le devoit à son époux, que l'un & l'autre, sans qu'elle s'exposât, l'admirerent & l'aimerent encore davantange. Elle donna au bout de neuf mois un fils à *Bertinetti*, qui lui causa beaucoup de joïe.

Le pere d'*Antonine* étant informé de tout ce qui s'étoit passé, n'eut aucun ressentiment de l'équipée de sa fille ; il approuva son mariage, & il se rendit en France avec sa femme exprès de Rome, pour venir prendre part & être témoins de leur bonne fortune.

Bertinetti s'étant fait distinguer par toutes ses belles qualitez, s'étoit rendu le depositaire de tous les secrets de son Maître, qui pour les reconnoître & recompenser sa fidelité, lui faisoit des biens infinis. En peu d'années cette petite famille naissante se trouva très-riche & en état de faire une figure des plus distinguées de Paris ; ils élevérent leur petit fils avec tous les soins imaginables, & n'aiant eu pour tout fruit de leur Mariage que ce seul enfant, ils le gâtérent à force de lui vouloir faire du bien.

Le Pere & la Mere d'*Antonine* après avoir passé près d'une année à Paris, retournérent à leur lieu Natal avec bien des regrets de part & d'autre, *Bertinetti* leur promet-
tant

tant que lors qu'il feroit un peu débarraſſé des grandes affaires qui l'occupoient, qu'il viendroit avec ſa femme finir leurs jours à Rome.

Mais dans le tems qu'on y penſoit le moins, la fatale affaire dont nous avons parlé dans le commencement de ce Livre, étant ſurvenuë à Mr. *Fouquet*, celà dérangea bien tous leurs projets. *Bertinetti* s'y trouvant envelopé, fut mis à la conciergerie, où après avoir vendu pour y ſubſiſter durant huit années qu'il y fut retenu, generalement tout ce qu'il avoit pû amaſſer par les ſervices qu'il avoit rendus à Mr. *Fouquet*, il n'en ſortit que par une adreſſe, qui n'étoit dûë qu'à ſon rare genie.

Durant cette captivité, ſa femme ne l'abandonna pas d'un quart-d'heure, & partagea avec lui toutes les calamitez que la diſgrace de leur Maître leur avoit attirées, quoi qu'au fond *Bertinetti* ne trempât en rien au monde dans tout ce dont il étoit accuſé.

L'occupation de *Bertinetti* dans ſa priſon étoit de peindre, de travailler en medailles & en cire; il fit un petit portrait du Roi pas plus grand que l'ongle, qui reſſembloit ſi fort que ſes amis lui conſeillerent

lerent de le faire presenter par sa femme
avec un placet à Sa Majesté : il suivit leur
avis, dont il se trouva parfaitement bien;
car le Roi aiant examiné l'ouvrage, qui
fut vû & admiré de toute la Cour, & con-
sideré la justice de la demande de *Bertinet-*
ti, qui n'avoit aucune partie, & dont le
seul crime, dont il étoit accusé, n'étoit
que d'avoir été premier Secretaire de Monsieur *Fouquet*, il ordonna qu'on le fît sortir le même jour de la Conciergerie, &
promit à sa femme d'avoir soin de sa fortune.

Le lendemain *Bertinetti* aiant été re-
mercier le Roi de la grace qu'il venoit
de lui faire, & aiant presenté une Medaille très-belle à Sa Majesté sur ses nouvelles conquêtes il en reçut une pension
de trois mil livres, en attendant qu'il se
presentât autre chose pour lui faire plaisir.

Peu de tems après son Fils étant passablement grand, le Roi lui donna un Benefice à simple tonsure, qui pouvoit
bien rapporter le même revenu que la pension dont Sa Majesté avoit gratifié le Pere;
mais ce Fils étoit un étourdi, qui ne sçut
pas jouïr de sa bonne fortune ; il fit mille
extravagances, dont j'en rapporterai ici quel-
ques-

ques-unes, qui ne laiſſent pas d'avoir quelque choſe de divertiſſant dans leurs eſpeces.

C'eſt une règle très-uſitée à Paris, lorsque les jeunes gens on achevé leurs claſſes, de les mettre en penſion chez quelque Avocat, où chez quelque Procureur, durant quelques années, pour y prendre une teinture des affaires, & s'inſtruire de la maniere de pouvoir conſerver ſon bien en évitant les ſubtilitez qui ſont inſeparables de la chicane. Cette école eſt admirable pour former la jeuneſſe ; & c'eſt par où les plus habiles Avocats du monde doivent paſſer, s'ils veulent ſe perfectionner dans la pratique, & ſe faire diſtinguer dans leur profeſſion, puis que c'eſt dans ces ſortes d'études qu'ils s'inſtruiſent des tours & des détours les plus rafinez de la procedure, dont ils ſavent ſi utilement ſe ſervir dans la ſuite aux dépens des pauvres plaideurs.

Le jeune *Bertinetti* quoi qu'Abbé à ſimple Tonſure, dont il ne jouiſſoit point des revenus, ſon Pere ſe les étant reſervez, ſe contentant ſeulement de lui donner, tout ce qui lui étoit neceſſaire, fut donc placé chez un Procureur au Châtelet où il ſe plaiſoit aſſez, plutôt a cauſe de la liberté qu'il eut d'y vivre à ſa fantaiſie, que dans la vuë d'y devenir habile homme;

&

& comme dans ces sortes de maisons, l'œconomie y regne bien plus que dans les autres, & que c'est l'attache ordinaire des procureuses, de Grapiller sur l'argent que leur donnent leurs maris, pour fournir aux dépenses de la vie, & de retenir ce qu'elles peuvent pour s'acheter mille ajustemens, qui ne conviennent point à leur qualité; c'est justement aux dépens de ces pauvres Pensionnaires qu'elles font mourir de faim, qu'elles trouvent tout ce qui leur est necessaire pour contenter leur ambition.

Le jeune Abbé eut le malheur de tomber chez un nommé *Quemas* Procureur au Châtelet, dont la femme est peut-être la plus avaritieuse, ou pour mieux dire la plus vilaine de tout Paris; il ne laissa pas que d'y passer trois années, durant lesquelles il s'étudia à lui faire d'assez bons tours pour se vanger des jeûnes, & des vigiles, qui étoient perpetuels dans cette maison. Il eût bien mieux fait d'en sortir, & de se mettre ailleurs pour remplir les bonnes intentions de ses parens; mais il se plaisoit dans le desordre & ne songeoit jour & nuit avec ses camarades, qui étoient comme lui, nourris miserablement, qu'à chercher dans leur esprit des moiens, de tromper la vigilance de cette Proserpine l'occasion

s'en

s'en preſenta d'elle-même aſſez favorable à leurs deſſeins.

Il faut ſavoir, que *Quemas* avoit une Maiſon de Campagne à ſix lieuës de Paris, où il alloit tous les ans paſſer les vacances, & y faire ſes vendanges. Un jour qu'il ſe diſpoſoit à s'y rendre avec ſa femme, ils firent l'un & l'autre avant que de partir, la viſite de leur maiſon, & étant décendus dans leurs Caves, où il y avoit encore douze gros muids de très-bon vin, ils ne voulurent pas en laiſſer la clef à leur Servante, crainte que par trop d'indulgence pour les Penſionaires, elle ne leur en fournît une plus grande quantité, que ce qu'ils avoient coutume d'en boire; pour plus grande ſureté, & par une très-bonne prevoiance, après avoir ordonné, qu'on leur fournît leur portion à quatre ſous la pinte au premier cabaret du voiſinage, ils fermérent la porte de leurs caves, & envoiérent chercher un Maſſon, qui jetta une poignée de platre ſur la ſerrure pour en cacher l'ouverture, & ôter par cette precaution les moiens d'y pouvoir eſſaier quelques clefs, s'il en eût pris envie à ces jeunes gens, ils furent témoins avec bien du regret de cette ceremonie, mais enfin il fallut en paſſer par là. *Quemas* & ſa femme étant partis pour trois semaines, après avoir reglé toutes choses pour leur subsistance sur un pié si mince, qu'ils ne devoient pas les retrouver en vie à leur retour, s'ils n'y eussent pourvû adroitement, toute leur étude fut donc, d'imaginer les moiens de vivre aux dépens de ces deux Argus, un peu plus largement qu'ils n'en avoient envie.

Comme l'Abbé étoit ingenieux pour les tours d'adresse beaucoup plus que les autres, il ne se vit pas plutôt le maître de la maison qu'il commença par caresser la Servante, & tâcha de la mettre dans leurs interêts communs. Cette pauvre fille étoit toute étourdie des ordres qu'elle venoit de recevoir ; car on ne lui avoit laissé que quinze sous à dépenser par jour, pour faire subsister avec elle, ces quatre jeunes gens, de très-bon apetit ; ce qui à peine étoit suffisant pour leur déjeuné. Elle en haussoit les épaules ; & ne savoit par où s'y prendre. *Bertinetti* lui dit que celà ne devoit point en aucune maniere l'embarasser, si elle vouloit leur être fidéle, & leur garder le secret : qu'il trouveroit bien les moiens de bien vivre, malgré ces miserables avaritieux. La Servante qui étoit de bonne composition, lui permit de faire tout ce qu'il voudroit, avec serment de

n'en

n'en jamais ouvrir la bouche à perſonne.

L'affaire ainſi arrêtée, il fit remarquer à tous ſes camarades que dans le milieu du Puis, qui étoit dans leur court, il y avoit une fenêtre, qui donnoit dans la cave de leur Procureur, par où on pouvoit aiſément entrer : il leur dit qu'il s'offroit d'y décendre à l'heure même, afin de reconnoître les lieux. Cette propoſition ſe trouvant du goût de toute la compagnie, elle paſſa tout d'une voix, & il fallut dans le moment en venir à l'exécution. *Bertinetti* qui étoit alerte & fort leger, s'étant mis dans un pannier avec un perſoir, une cruche & de la lumiere, ſe fit décendre à la petite Chapelle ſouterraine, où étant entré par la fenêtre que nous avons dite, il perça la premiere piece qu'il trouva, remplit ſa cruche, & ſe fit remonter en triomphe avec une joie, qui ſe répandit bientôt entre toute la troupe.

Comme ce n'étoit ici que le premier coup d'eſſai, il fallut en beuvant ce bon vin, qui ſe trouva être de Bourgogne des plus excellens, tenir conſeil ſur tout ce qu'ils devoient faire pour la ſuite.

L'avis de *Bertinetti*, qui preſidoit à l'aſſemblée, comme le chef, & celui qui par ſon rare genie étoit l'auteur de l'invention,

fut

fut d'en tirer une piece jusqu'à la lie, de
la vendre, & d'en percer une autre pour
leur ordinaire. Le coup fut trouvé bien
hardi, mais de quoi ne font pas capables
de jeunes foux, lors qu'ils se font mis quelque chose en tête; l'occasion leur parut
trop belle pour la manquer.

Ce dessein étoit cependant difficile à exé-
cuter; mais les expediens ne leur manqué-
rent point. Il est à remarquer, que la maison de *Quemas* est justement vis-à-vis la prison du Fort l'Evesque; & comme le Geo-
lier étoit ami particulier de *Bertinetti*, il
jugea à propos de lui confier leur secret.
On le fit venir, on le fit boire, il trouva
le vin excellent, on lui dit tout, il n'en
fit que rire, & leur proposa d'en prendre
ce qu'ils voudroient lui en fournir sur le
pié de six sous la pinte, quoi qu'il en va-
lût bien quinze. Le marché étant fait de
la sorte (parce qu'il faut que dans la vie
chacun gagne quelque chose) on lui en
livra sur le soir plus de la moitié de la piece, & le reste deux jours après, dont
Bertinetti toucha une dizaine de pistoles.

Cet argent fut remis entre les mains de
la Servante, qui n'oublia rien pour traiter
ces Pensionnaires beaucoup mieux qu'il
ne lui avoit été ordonné. Enfin durant les
trois

trois ſemaines de l'abſence de *Quemas*, cette premiere piece étant venduë, ils en
avoient percé une pareille, de laquelle ils
s'en donnérent au cœur la joie, & euſſent
bien ſouhaité que ce bon tems eût duré
toute l'année; ſuivant qu'ils s'y prenoient,
ils euſſent fait une grande éclipſe dans ce
lieu tenebreux.

Comme on attendoit tous les jours le
retour de leur Procureur, l'inquietude
commençoit à les prendre, dans la crainte qu'il ne leur fît une affaire, trouvant
deux de ſes fuſtailles vuides. Mais notre
Ingenieur rapelant toutes ſes belles idées,
ſe fit deſcendre encore une fois dans ce
charmant ſejour, où à l'aide d'un bon marteau, il enfonça les deux fuſtailles vuides, & les fit tirer dehors dans le panier,
qui lui avoit ſervi de voiture, pour un ſi
agréable pelerinage. Tout étant remonté
juſqu'à la lie, ils ſe réjouïſſoient d'une ſi
agréable avanture & du bon ſuccès qu'elle
avoit eu. Mais leur joie n'étoit pas parfaite; car la ſource de leurs plaiſirs étant
tarie, il ne leur en reſtoit que le ſeul ſou-
venir.

Il revint en penſée à *Bertinetti* de jouër
de ſon reſte; il fit réflexion que ſans qu'il
y parût, il pouvoit encore donner quelques

D 3

lege-

legeres faignées : aux dix fustailles pleines, qui restoient dans la cave, il y descendit encore plusieurs fois , & en rapporta nombre de bouteilles , qu'il se content-toit de tirer au fosset , qu'il cassoit toutes les fois qu'il alloit & venoit ; & comme les derniers voiages ne se faisoient plus sans qu'il n'y eût un des Pensionnaires en senti-nelle à la porte de la ruë , pour avertir les autres , en cas qu'on découvrît de loin leur Procureur , ils usérent toûjours de cette précaution crainte de surprise. Effective-ment un jour que *Bertinetti* étoit rentré dans ce charmant panier pour remonter en haut avec une douzaine de bouteilles pleines de Vin de champagne , qu'il venoit de tirer pour n'y par retourner si-tôt , la sentinelle aiant aperçû le Procureur du bout de la ruë , qui venoit à grands pas , courut en aver-tir ses camarades , qui commençoient à ti-rer la corde pour faire monter en haut. *Bertinetti*. Ils furent si effraiés , qu'ils le lâ-chérent dans le Puis & l'y laissérent , sautant prontement dans leur étude , où *Quemas* entra aussi-tôt qu'eux.

Il se fit rendre compte en arrivant de ce qui s'étoit passé durant son absence , & aiant reconnu par le memoire qu'on lui donna à lire, de tous ceux qui l'avoient demandé ,

mandé, qu’il n’y avoit aucune affaire pref-
fée, il fortit dans le même moment, leur
difant qu’il alloit audevant de fa femme
qui étoit à la porte St. Honoré avec une
bourique chargé de fruit, où on l’avoit
arrêtée à caufe qu’elle avoit caché fous fes
jupes une groffe cruche de vin doux.

Ce fut un grand bonheur pour *Bertinetti*
que la fortie de ce Procureur : il étoit dans
l’eau jufqu’au col, & ne voioit point de
moien pour s’en tirer ; encore s’il eût été
dans la cave, il y eût trouvé de la con-
folation : il fe douta bien que le Procureur étoit aparamment arrivé. Il s’attendit
à recevoir le dernier affront, & il paffa
affurément un très-mauvais quart-d’heure.
Enfin fes camarades étant venus au plus vîte le retirer, il fut très-aife d’aprendre
qu’il n’y avoit rien du tout de gâté que la
derniere douzaine de bouteilles de vin, qui
s’étoit mêlée avec l’eau. Ce n’étoit pas là
une affaire, on cacha prontement le pannier, & tous les debris de cette fatale
chute ; & *Bertinetti* étant monté dans fon
apartement, il fe mit prontement en robe de
chambre, après avoir changé de tout ce qui
lui étoit neceffaire pour fe reffuier.

Le Procureur étant revenu avec fa femme, il fut queftion d’aller à la cave. Pour cet

ef-

effet *Quemas* fe fit allumer une chandèle, &
après avoir trouvé la ferrure de la porte en l'é-
tat qu'il l'avoit laiffée, & vifité toutes fes fu-
ftailles pour voir fi elles n'avoient point cou-
lées, il en perça une fans s'apercevoir que
le nombre des tonneaux n'étoit pas com-
plet. Etant remonté en haut, il fit un affez
leger repas avec fa femme, quoi qu'ils
n'euffent n'y bû ni mangé de la journée.

Sa femme, après avoir fait la Megere
& la diableffe à fon ordinaire contre fa Servante, trouvant à redire à tout ce qu'elle
avoit fait depuis fon depart, voulut auffi
faire la vifite de la cave : elle y compta
d'abord tous les tonneaux, & n'en trouvant que dix, de douze qui devoient y
être, elle remonta toute interdite, & demanda à fon mari, s'ils n'avoient pas laiffé en partant douze muids de vin dans cette cave. *Quemas* qui en avoit oublié la
quantité, dit qu'il ne s'en reffouvenoit pas;
mais qu'il étoit très-fûr, qu'à moins que
le diable n'en eût emporté quelqu'un, qu'il
y avoit trouvé ce qu'il y avoit laiffé.
Cette femme qui n'étoit point accoutumée
à perdre, fut chercher fes vieux memoires,
où après avoir été deux heures à chiffonner,
à calculer, & à griffonner, elle revint à fon
mari, pour lui faire comprendre qu'il fe
trou-

trouvoit deux pieces de moins : mais lui aiant d'autres affaires ne voulut pas l'écouter, & la traita de viſionnaire, & de femme qui craignoit toûjours qu'on ne la volât. Ils furent plus d'une année en querelle ſur cet article, où effectivement elle avoit beaucoup de raiſon, & la choſe ne ſe feroit jamais reconnuë ſans un de ſes quatre Penſionnaires lequel, quelques années après, étant ſorti de cette maiſon, & aiant acheté une charge, par un motif de conſcience, vint faire à *Quemas* la declaration du tour qui lui avoit été joué, & lui paia lui ſeul la valeur des deux pieces de vin, dont il avoit bû ſa bonne part.

Environ ſix mois après cette belle expedition, un jour que *Quemas* & ſa femme étoient allez ſouper en ville chez un Conſeiller de leurs amis, qui les avoit invités, ils avoient ſeulement laiſſé pour le ſoupé de leurs Penſionnaires quatre œufs ; & à la Servante un ſou pour lui avoir un paté de requête. C'étoit un Dimanche au ſoir, ces quatre jeunes gens avoient été enſemble faire un tour de promenade, & étant rentrez très afamés, il furent fort ſurpris de voir qu'il n'y avoit rien à la broche : la Servante leur aiant dit la verité tout en riant, & qu'elle avoit ordre de leur faire

dur-

durcir à chacun un œuf, ils ne fe chagrinérent point , & *Bertinetti* cherchant à fe
divertir pour une derniere fois, fut lui-même à la rotiſſerie , où il prit un gros din-
don , & deux poulardes au nom de fon Procureur ; & aiant defcendu dans fa cave par
le chemin ordinaire , qu'il n'avoit pas encore oublié, ils firent un très-bon repas, &
burent copieuſement à la fanté de leur
bien-faiteur.

La Procureuſe, foit par malice, ou qu'elle n'y eût pas penſé, avoit emporté la clef
de l'armoire au pain ; mais comme leur
boulanger n'étoit pas loin, ils s'en firent
bien-tôt apporter ce qu'ils en avoient de
beſoin. Après avoir été deux ou trois heures à table, & bû au delà de ce qu'ils en
pouvoient porter, *Bertinetti* qui avoit refo-
lu de fortir le lendemain de cette miferable
maifon , s'aviſa pour un coup de partie
d'envoier à dix heures du foir chercher
un crocheteur , & lui aiant mis fur fes
épaules l'armoire ou étoit le pain , il la
lui fit porter juſques dans l'Ile Notre Dame chez le Conſeiller, où foupoit pour
lors le Procureur & fa femme. *Bertinetti*
& fes camarades accompagnérent cet homme , & aiant fonné à la porte , ils fe firent annoncer.

Que-

Quemas crut que par honnêteté ces Penſionnaires étoient venus au devant de lui, parce que l'on parloit beaucoup à Paris de voleurs dans ce tems-là : il leur fit dire qu'ils n'avoient qu'à paſſer dans la cuiſine & qu'ils auroient bien-tôt ſoupé ; mais *Bertinetti* qui avoit bien un autre deſſein, entra effrontément dans la ſalle, où i! y avoit une nombreuſe Compagnie, qui étoit au deſſert, & tout-à-fait en joie ; & étant ſuivi du Crocheteur, qui portoit cette armoire, qu'il déchargea au milieu de la chambre, il fit une très-humble reverence à la Procureuſe, & la pria de vouloir bien l'ouvrir, pour leur donner du pain pour leur ſoupé.

Cette femme honteuſe autant que l'on peut ſe l'imaginer, d'un affront pareil à celui qu'elle fut obligé d'eſſuier, ſe mit dans la derniere colere contre *Bertinetti* ; mais lui ſans s'émouvoir & paiant d'une effronterie ſans exemple, lui dit tout haut, De quoi vous plaignez-vous Madame ? on vous épargne la peine d'envoier vos clefs, ou de revenir à la maiſon pour nous donner du pain, & cela vous met de mauvaiſe humeur ; vous étes ici avec vos amis où vous ne manquez de rien, tandis que quatre pauvres diables affamez comme des leuvriers sont obligez de courir tout Paris pour vous deterrer.

Le Conseiller & toute · sa Compagnie n'aiant pû s'empêcher de rire de l'avanture, le Procureur ne put tenir table davantage ; il en sortit très en colere, & dit à *Bertinetti* qu'il s'en plaindroit à son pere, & que ce tour n'étoit aucunement de saison. Il voulut obliger le Crocheteur à recharger son armoire sur ses épaules ; mais l'autre disant qu'elle étoit trop pesante, & qu'il ne la pouvoit pas remporter, il fallut qu'elle demeurât là jusqu'au lendemain qu'il la renvoia chercher par un autre.

La Procureuse crevoit de rage & de dépit ; elle voulut retourner à sa maison, mais on la retint encore un heure ou deux, pour lui remettre ses esprits ; & son mari qui connut bien que cette piéce ne leur avoit pas été faite sans dessein, l'accabla de mille injures sur son avarice, & son infame maniere de vivre.

Le maître du logis pour assoupir cette avanture, voulut engager *Bertinetti* & ses trois autres camarades à souper au logis ; mais au premier compliment qu'il leur en fit, ils gagnérent promtement la porte, se sauvérent avec leur Crocheteur déchargé, & retournérent chez eux, où après avoir mis une demi

voie

voie de bois dans le feu , ils mirent deſſus leurs quatre œufs dans un grand chaudron plein d'eau ; & comme il commençoit à être tard , & que les cloches de Notre Dame ſonnóient , ils quittérent la cuiſine ; & après avoir rempli deux grandes cruches de vin , ils ſortirent de cette abominable maiſon pour n'y jamais rentrer , & furent boire & coucher à leur aiſe chez un de leurs amis.

Il eſt aiſé de juger du vacarme que firent nos gens à leur retour , mais ils parloient à la muraille ; car leur ſervante étoit ſi endormie & ſi yvre , qu'ils n'en purent pas tirer une parole. Les quatre œufs qui couroient dans un grand chaudron, les uns après les autres, l'eau bouillant de toute ſa force , par le grand feu qu'ils avoient laiſſé deſſous , penſa les deſeſperer. Ils jurerent très-fort que de leur vie ils ne mangeroient en ville, puiſqu'une pareille journée étoit capable de les ruiner. Ils crurent leurs penſionaires couchez , & ſe preparoient bien pour le lendemain à leur faire une belle reprimande , & à les mettre dehors , mais heureuſement ils y avoient mis bon ordre.

Il fut aiſé à *Bertinetti* de ſe conſoler de la perte qu'il faiſoit , en quittant une auſſi
mau-

mauvaise maison. Plusieurs jours se passerent en débauches avec ces camarades : mais
considerant que sa famille auroit tout sujet
de se plaindre de sa conduite, s'il differoit a
rentrer chez un autre Procureur. Cette petite societé se divisa ; chacun prit son parti.
Bertinetti eut le sort de trouver une place
vacante chez un nommé *Despointis* Procureur au Chatelet de Paris une quinquempoix , où il fut parfaitement bien reçu.

Ce changement se fit même du consentement de son pere qui ne put s'empêcher
de bien rire des avantures du Procureur.
Quemas dont il donna la comedie à tous
ses amis auxquels il la raconta, & dont
tout Paris fut abreuvé ; la Procureuse en
eut une telle rage contre sa servante, pour
avoir été d'intelligence avec ses Clercs,
qu'après l'avoir bien battuë & lui avoir cas-
sé un manche à balet sur les épaules, elle
la chassa sans la paier, avec une ferme resolution de ne jamais avoir aucun domesti-
que : ce qu'elle a exécuté très-religieuse-
ment depuis ce tems-là ; si vrai, que le
matin on la voit dans sa cuisine faite comme une Proserpine, où étant obligée d'aller
à la porte , & de parler au monde qui demande son mari , chacun la prenant pour
la Servante, on la traite de *mamie , mon cœur,*
&

& autres douceurs pareilles dont on eſt très-liberal en pareille occaſion.

Il arrive quelquefois qu'on lui demande à elle-même des nouvelles de la ſanté de Mademoiſelle *Quemas*, & qu'on la prie de lui faire des complimens dont elle ſe charge avec plaiſir ; & lorſqu'il ſe trouve quelqu'un qui ſouhaite de lui parler, elle aſſure hardiment qu'elle eſt ſortie en ville, ou à la campagne, comme elle le juge à propos. Elle eſt tellement tignonée & pleine de chiffons, qu'il n'eſt pas impoſſible qu'on la méconnoiſſe, & qu'on ne s'y trompe. Revenez l'après midi, c'eſt bien autre décoration ; elle eſt équipée en étofe d'or & d'argent des plus magnifiques, & d'un ſi grand prix, que des femmes de Conſeillers de la Cour, & de Maîtres des Rêquêtes feroient ſcrupule de les mettre. Elle accorde le perſonnage du matin & celui de l'après-midi le mieux du monde. Elle gagne elle-même les gages qu'elle donneroit à un Domeſtique, ſon mari trouve celà très-bon : Voilà ce qu'on appelle vivre de ménage.

Il a fallu pourtant qu'à la ſortie de la Servante dont nous venons de parler, qu'elle avoit ſi fort maltraitée, que *Quemas* eſſuiât une petite diſgrace. Cette pauvre fille

aiant

aiant eu la tête caſſée & nombre de contu-
ſions par tout le corps , des coups qu'elle
avoit reçus de la belle main de ſa maîtreſſe ,
prit conſeil de quelqu'un qui n'étoit pas
bon ami de *Quemas* ; & comme pour l'ordinaire on ſe fait de vrais plaiſirs à tirer
des plumes des aîles de ces ſortes d'avari-
cieux ; cette fille leur fit un Procès , où
malgré toute l'adreſſe de *Quemas* , & toutes ſortes de mauvais détours , il fut obligé par accommodement de paier trente piſtoles à cette malheureuſe , qui ne voulut
pas lui en rabattre un ſou ; & de dépit ſa
femme voulant regagner cette ſomme par
ſa belle œconomie , fait elle-même ſa cuiſine bien ou mal , & dont perſonne ne peut
parler que ſes Clercs , n'aiant jamais ſeu
non plus que ſon mari , ce que c'étoit de
donner un verre d'eau à qui que ce fût.

AVANTURES

Des plus gaillardes qui arrivérent à Berti-netti chez un ancien Procureur au Châtelet.

BErtinetti étant donc entré dans sa nouvelle étude, s'apperçût bientôt qu'on y vivoit bien differemment que dans celle d'où il sortoit. *Despointis* étoit un homme de quarante-cinq à cinquante ans, très-honnête homme de profession quoique Gascon, nouvellement marié à une jeune & très-jolie femme, & observant chez lui des règles bien opposées à celles de *Quemas*. En premier lieu sa table étoit très-bien servie, c'est-à-dire bourgeoisement, où rien ne manquoit du necessaire : il ne prenoit chez lui que des enfans sages & de très-bonne famille, sa maison étoit un petit Couvent, & l'été & l'hiver la porte de la ruë se fermoit à neuf heures du soir, sans que personne y pût entrer ni sortir, prenant la précaution de mettre la clef sous le chevet de son lit.

Cette methode n'est point à blâmer ; bien

au contraire, elle est très-louable ; car c'est
le vrai secret de mettre à la raison de jeunes
étourdis, & de leur épargner bien des malheurs, dans lesquels ils se jetteroient incon-
sidérément, s'ils avoient la liberté de passer
les nuits dans certains lieux, où ils ne sont
que trop bien reçûs. Mais aussi il faut con-
venir que cette contrainte les gênent au
dernier point, & que ce n'est pas un petit
ouvrage que de les tenir en bride.

Despointis s'étudioit à regler tellement sa
maison, que lors qu'il y étoit, il ne s'y
passoit rien, dont il n'eût connoissance ; il
avoit de petits trous dans son Cabinet, qui
n'étoient connus que de lui, d'où il dé-
couvroit tout ce que ses Clercs faisoient
dans leur étude, sans qu'ils s'en apperceus-
sent ; & un jour qu'on le croioit sorti,
quoi qu'il fût seul enfermé exprès, il s'apperçut que *Bertinetti* caressoit sa Servante, & qu'elle l'écoutoit. Il ne presagea
rien de bon de leurs familiarités, mais il
eut le plaisir sans se découvrir de voir ap-
prêter un déjeuné entre eux, composé d'u-
ne bouteille de vin avec quelques petis pa-
tés à la mazarine, dont la fumée lui montoit au nez. Il les vit boire & manger d'un
très-bon apétit, & craignant avec quelque
raison qu'après la panse (comme on dit)

la dance n'arrivât, il ne jugea pas à propos de les laiſſer plus long-tems enſemble: il tira une petite ſonnette, qui répondoit de ſon Cabinet à l'étude des Clercs, ce qu'aiant entendu avec ſurpriſe, la jeune Servante emporta promtement les débris du déjeuné, & *Bertinetti* étant allé au Cabinet, pour ſavoir ce que ſon Procureur ſouhaitoit: Monſieur, lui dit *Deſpointis*, je ſai ce qui ſe paſſe ici entre vous & ma Servante; mais j'ai à vous avertir que je ſuis le maître dans ma maiſon, & que je ne ſouffrirai jamais que perſonne, que moi & mon Chat, y faſſent l'amour encore ſi celà lui prend envie, je prétens, qu'il monte ſur les goûtieres : ainſi prenez s'il vous plaît vos meſures là-deſſus, & que je ne vous le repete pas.

Bertinetti étoit d'une confuſion à ne ſavoir que répondre; il ſe retira ſans oſer proferer un ſeul mot, & connut bien qu'il avoit à faire à un étrange homme, & à un fin matois, qui étoit des plus difficiles à tromper. Ses camarades qui étoient en ville, lors que cette affaire arriva l'aiant appriſe ſe divertirent un peu de lui ; mais *Bertinetti* ne ſe démontant point leur proteſta, que puis qu'il avoit a faire à un capricieux, il n'étoit pas poſſible qu'il ne

fût jaloux , & par cette seule raison il les
assura qu'il alloit si bien s'y prendre , qu'il
leur promettoit de lui donner bien de l'exer-
cice , & de lui faire voir plus de païs
qu'il ne croioit en très-peu de tems.

Bertinetti s'étoit apperçû que Mademoiselle *Despointis* le regardoit d'assez bon œil;
il se mit dans l'esprit de s'en faire aimer, cette conquête lui paroissant d'une grande res-
source gêné comme il étoit dans cette maison : mais ce qui l'embarassoit le plus, c'est
que cette jeune femme aimoit la dépense ,
& *Bertinetti* n'avoit au plus que ses petits
besoins , & très-peu d'argent pour ses me-
nus plaisirs. L'amour est ingenieux & ou-
vre l'esprit aux plus stupides : celui-ci prevoiant bien qu'il ne réüssiroit jamais près
de cette belle personne sans commencer
par quelque honnête present , s'avisa de
rendre visite au Cabinet de son Pere dans
le tems qu'il étoit allé avec sa mere à
St. Germain en Laïe, où pour lors étoit la
Cour ; & trouvant des facilités pour ouvrir une grande armoire en levant le dessus
qui ne tenoit qu'à quatre chevilles de bois,
il en tira pour cette premiere fois de differens
sacs une quarantaine de pistoles. Et très-
content de sa premiere expedition, aiant
tout racommodé de maniere à ne pouvoir
être

être reconnu, il ſe mit en devoir de bien profiter de ce ſecours, qui lui étoit ſurvenu ſi à propos.

Heureuſement pour *Bertinetti* depuis trois mois, Mademoiſelle *Deſpointis*, avoit perdu au jeu chez pluſieurs Dames de ſon voiſinage, où ſon mari lui permettoit d'aller, vingt-cinq ou trente piſtoles, ce qui la dérangeoit beaucoup. Comme elle ne revenoit de ces ſortes d'aſſemblées jamais ſeule, *Bertinetti* par l'ordre même de ſon mari alloit très-ſouvent la chercher & la ramenoit au logis : ils prenoient ordinairement le chemin le plus long, afin d'avoir plus de tems à s'entretenir enſemble de bien des choſes, qui leur faiſoient plaiſir. Cette jeune femme un jour qu'elle venoit de perdre encore cinq piſtoles, & qu'elle étoit toute réveuſe ne diſant pas un ſeul mot en chemin à *Bertinetti*, il s'avantura de lui dire, qu'il étoit aiſé de juger, ſuivant les apparences, qu'elle n'étoit pas contente de ſon après-midi. Non, interrompit-elle, je n'en ſuis pas ſatisfaite, mais bien plus, c'eſt que je jure que de la vie je ne manierai cartes : que tout ce que je vous dis, continua-t-elle, ſoit ſecret ; car vous me perdriez pour jamais avec mon mari. Que vous me connoiſſez mal, Mademoiſelle, s'écria *Bertinetti* ; &

E 3

que

que vous avez de mauvaiſes penſées d'un homme , qui bien loin de vous faire de la peine , voudroit aux dépens de ſa vie, vous avoir fait tous les plaiſirs du monde. Je le croi, lui dit-elle ; mais je ne vous demande que le ſecret ſur mon jeu , autrement je ne me fierois jamais à vous.

Bertinetti lui proteſta que non ſeulement il n'ouvriroit jamais la bouche ſur rien qui la regardât , mais il lui fit connoître qu'il étoit en état de reparer dans le moment la perte qu'elle avoit faite depuis qu'elle jouoit ; & reconnoiſſant que de pareils offres ne ſe faiſoient pas ſans des vuës, dont elle ſe doutoit fort , ſe ſentant un grand panchant pour *Bertinetti* , il fut aſſez heureux que tout ce qu'il dit fut écouté , ſon argent fut accepté , & il reçût le même jour la recompenſe de tous les bons ſervices qu'il venoit de rendre à cette aimable perſonne. Elle n'avoit pas pour lors plus de vingt-trois ans , & l'on pouvoit dire que c'étoit un vrai bijoux, qui meritoit d'être en d'autres mains que celles d'un Procureur au Châtelet. Elle étoit extrêmement blanche, d'une taille moienne, mais bien proportionnée ; les cheveux du plus beau noir du monde, le front grand & aſſez élevé pour être admirablement beau,

les

les ſourcils très-noirs & la ſimetrie ſi de-
licate , que pour les aranger avec tant de
juſteſſe , il ſembloit que la nature eût em-
prunté les mains de l'art. Ses yeux raviſ-
ſoient la franchiſe quand ils avoient toute
leur vivacité , & touchoient l'ame quand ils
avoient toute leur langueur ; ſon nez étoit
parfaitement bien fait , ſes jouës inſpiroient
de l'amour quand elles avoient de la rou-
geur , & quand elles n'en avoient point elles donnoient de la tendreſſe. C'étoit le plus
grand dommage du monde que ſa bouche
fût petite : je ne dis rien de ſes dents , il n'y
en eut jamais de plus blanches, ni de mieux
arrangées. Ses levres étoient d'une couleur
très-vive , ſa gorge plus belle qu'on puiſſe
jamais en voir , & quoiqu'elle la montrât
très-peu (ſon mari le ſouhaitant ainſi)
elle ne laiſſoit pas que de cauſer beaucoup
d'émotion & de donner des deſirs de voir le
reſte. Ses mains , ſa taille , & toute ſa perſonne avoient encore plus de beautés, que
tous les attraits dont je viens de parler.
Joignez à celà un eſprit qui eût pû ſeul
embellir un corps qui n'eût rien eu d'aimable ; & jugez ſi *Bertinetti* avoit tort de
s'attacher à une ſi belle Dame , dont l'unique défaut (ſi c'en eſt un) étoit de ne
point aimer ſon mari.

E 4

La

La vigilance de *Despointis* fut terriblé-
ment surprise en cette occasion , & jamais
Amans n'ont été plus heureux durant un
très-long-tems. C'est une très-fâcheuse sub-
jection aux Procureurs du Châtelet d'être
contraints par le devoir de leur charge à
passer des journées entieres hors de leurs
maisons. Ils emploient toutes les matinées
aux audiances , & les après-midis aux inven-
taires & aux scellez , en sorte qu'ils n'ont que
les soirées & les nuits , dont leurs femmes
peuvent profiter. Mais au bout du compte c'est un bien petit regal pour elles qu'un
mari , ce seul nom épouvante une jeune
personne ; ce bonnet carré , cette robe noi-
re , un entretien toûjours bizare , confus &
préoccupé , n'ont point pour elle le ra-
goût d'un Amant plein d'esprit , bien tourné de sa personne , qui ne l'entretient
que de jolies choses qui puissent lui faire
plaisir , qui ne paroîtra jamais devant elle
que musqué , poudré , magnifique dans ses
habits , & toûjours prêt à faire tout ce
qu'elle souhaitera. Quelle difference , ciel !
entre l'un & l'autre , & peut-on s'étonner
de la destinée de tous ces gens de Robe ,
qui voulant se charger du reglement des affaires d'autrui , negligent celles de leurs
maisons. Le panchant naturel qu'ils ont
d'a-

d'amaſſer des richeſſs, auquel ils ſe laiſſent entraîner aveuglément, eſt cauſe qu'ils ne ſongent pas plus loin que leur nez, & qu'ils ſont les derniers à s'apercevoir de quel bois on ſe chauffe chez eux, quoique la cho-ſe les touchent cependant de bien près ; & qu'ils en faſſent la principale dépenſe. Mais ce ne ſera pas moi, ni tout ce que je pourrai dire là-deſſus, qui les fera revenir de leurs erreurs, ils peuvent les continuer ſi bon leur ſemble, je ne m'y oppoſerai jamais.

Je ne puis paſſer ici une avanture, qui déconcerta un peu *Deſpointis* à l'audiance de Monſieur le Lieutenant civil. Pour la bien entendre, il faut ſavoir, que *Deſpointis* étoit un homme extrêmement grand, aſſez beau de ſa perſonne & ſur tout un des mieux faits de Paris ; mais il avoit un nez d'une groſſeur & d'une longueur ſi extraor-dinaire, que ceux qui ne l'avoient jamais vû ne pouvoient s'empêcher de s'arrêter & d'en rire, quand on le rencontroit dans les ruës, ce qui lui arrivoit ſouvent ; mais un jour étant au Châtelet à une celebre au-dience, où nombre d'Avocats aiant parlé, & trois ou quatre Procureurs, la Cour de-voit encore entendre un autre Procureur, nommé *Coqueley*, qui étoit extrêmement pe-tit,

tit, & qui ne pouvoit se faire voir du Lieutenant civil ni des Conseillers, qui étoient
sur les bancs ; parce que *Despointis* étoit justement posté devant lui, & lui faisoit avec
son nez un si grand ombre, qu'il n'étoit
pas possible que le petit *Coqueley* pût être
vû. Il pria plusieurs fois *Despointis* de se
ranger jusqu'à ce qu'il eût parlé ; ce que
l'autre ne voulut pas faire, craignant de
perdre son rang, aiant aussi à plaider une
cause après lui. Mais *Coqueley* s'impatientant
& ne pouvant ni se faire voir, ni se faire
entendre, prit d'une main le bout du nez de
Despointis, & le tournant assez rudement, du
moins, lui dit-il, vous resterez en votre place, si vous le voulez ; mais pour votre nez
par ma foi, je vous jure, qu'il ne m'empê-
chera pas davantage de voir Mr, le Lieutenant civil. L'action & le discours du Procureur troublérent un peu l'audiance, & tout serieux qu'étoient Messieurs les Magistrats, ils
ne purent s'empêcher de rire, de même que
tout le bareau du nez de *Despointis*, lequel
en demeura si confus, qu'il fut plus de
quinze jours sans oser le montrer.

La bonne fortune de *Bertinetti* eût été
digne d'envie, si quelqu'un en eût eu connoissance ; mais il savoit si bien se déguiser, & son intelligence avec sa Belle étoit
con-

conduite avec tant de prevoiance qu'à moins d'être un Argus ou un ſorcier, il n'étoit pas poſſible de pouvoir découvrir cette intrigue. Le mari s'appercevoit bien quelquefois de certains airs de diſtinction que faiſoit ſa femme à *Bertinetti*, qu'il croioit les plus innocens du monde, ſans rien ſoupçonner de la verité, & il ſeroit encore dans la même opinion, ſi quelques incidens qui ſurvinrent, n'euſſent troublé de ſi doux plaiſirs, & ne lui euſſent fait ouvrir les yeux.

Deſpointis s'étant un jour endormi un moment après le dîné dans un fauteuil de commodité, qu'il avoit dans ſon Cabinet, ſa jeune épouſe ſçachant que *Bertinetti* étoit ſeul dans l'étude y paſſa pour lui dire un mot, & lui donner un rendez-vous ſur le ſoir dans une maiſon de leurs amis; elle ſe gliſſa tout doucement d'auprès de ſon mari, où elle étoit pour lors; & quoi qu'elle ne fît aucun bruit, le jaloux s'étant reveillé & ne la voiant point, ouvrit ſa petite fenêtre ſecrete, qui donnoit ſur l'étude de ſes Clercs, & vît *Bertinetti*, qui embraſſoit ſa femme très-amoureuſement, & lui mettoit déja la main dans le ſein. Il crut pour cette fois que les cornes lui venoient à la tête, ne pouvant s'imaginer

giner que ce qu'il voioit, fût vrai ; mais ne
voulant pas être Témoin ni Spectateur d'u-
ne scene plus longue, il sonna assez rudement
pour se faire entendre ; & sa femme lui
étant venu demander, ce qu'il souhaitoit,
Je voudrois savoir, lui répondit-il, ce que
vous allez faire près de *Bertinetti* ? Moi,
lui repliqua-t-elle, voiant que la méche étoit
découverte, j'allois chercher un Almanach.

Un Almanach ! dit *Despointis*, en bran-
lant la tête ; cet Almanach pourroit bien
nous apporter par ses mauvaises predictions
quelque changement de tems & quelques
fâcheuses influences pour vous : croiez-moi
Mademoiselle, continua-t-il, ne me pous-
sez pas à bout; car je vous ferois perir, si j'en
voiois encore autant que ce que je viens
de voir dans ce même moment. Je ne sai
pas, reprit la jeune épouse, le grand mal
qu'il y a d'aller chercher un Almanach
dans une étude pour savoir du moins, comme on vit ; mais si celà vous deplait, Monsieur, je vous proteste, que je n'y retour-
nerai plus; car je ne veux point vous chagriner, ni vous donner aucun sujet d'être
mécontent de moi. Je vous le conseille très-
fort, lui dit *Despointis* d'un air un peu plus
radouci qu'auparavant, & il ne convient
pas à une personne de votre âge, d'aller

cau-

cauſer avec de jeune ſots commé *Bertinetti*,
à quoi celà eſt-il propre je vous prie ? ſi
vous voulez , lui dit-elle , que je ne lui
parle de ma vie, j'y conſens, je ne me ferai pas là-deſſus une grande violence , &
quand même il en auroit (ce qui n'eſt pas)
je ſacrifirois tout au monde pour bien vivre avec vous. Tenez-moi parole , lui répondit *Deſpointis* , & vous ſerez la plus heureuſe femme qu'il y ait au monde.

Le pas étoit gliſſant , & cette aimable
perſonne s'en tira bien mieux qu'elle ne
croioit d'abord : elle vit bien que ſon
mari avoit découvert ſon intrigue , c'eſt
ce qui la déſoloit ; elle en avertit *Bertinetti* , & ils convinrent enſemble, qu'ils
redoubleroient leurs ſoins pour jouïr en
paix des plus charmans plaiſirs de la vie.
Bertinetti trouva même à propos de s'abſenter pour quelques jours de cette maiſon , & d'aller paſſer les Fêtes de Noël
chez ſon Pere, durant leſquelles il ne laiſ-
ſeroit pas quelquefois de voir ſa Belle
chez une bonne amie, qui étoit d'intelligence avec eux. Ce deſſein fut aprouvé
par ſa Maîtreſſe , qui ſe fit un extrême
plaiſir de tromper la vigilance de ſon jaloux.

Bertinetti fut bien quinze jours ou trois
ſe-

semaines chez son pere, durant lesquelles il voioit presque tous les jours la belle *Despointis*, & il fut assez heureux, durant cette petite absence feinte, de n'être point soupçonné d'aucune intelligence avec elle, & il eut encore le bonheur de ne point tremper dans une piece qui fut faite à *Despointis* par ses camarades.

J'ai déja dit que *Despointis* étoit un homme très-bien reglé dans son ménage, & qu'à neuf heures précises du soir la porte de sa maison étoit fermée. Son maître Clerc qui étoit à la veille de se faire recevoir Procureur, se chagrinoit de cette captivité, & étant sorti avec les autres deux fois dans une semaine pour souper en ville, ils étoient revenus à neuf heures & demi; & quoi qu'ils heurtassent assez ferme pour bien se faire entendre, n'aiant pû contraindre le Procureur à leur faire ouvrir, ils avoient été obligez de coucher dehors ou du moins chez leurs amis, & à leur retour le lendemain, *Despointis* s'étoit fait un vrai plaisir de les bien quereller, & de les traiter comme gens de mauvaise vie & de grands libertins, avec menaces d'en avertir leurs familles.

Toute innocente que fût cette action, le procedé de *Despointis* les chagrina, ils son-

ſongérent à chercher une autre étude ; mais auparavant que de le quitter, ils conſulté- rent entre eux une bonne piece dont ils le voulurent regaler, avant que de lui di- re adieu.

Ils ne furent pas long-tems à attendre l'occaſion qu'ils cherchoient de ſe divertir un peu aux dépens de leur Procureur : elle ſe preſenta d'elle - même trois ou quatre jours après. On a coutume à Pa- ris, & dans preſque toutes les Villes du Roiaume, de faire la St. Martin. *Deſpoin- tis* & ſa femme furent invitez à un grand ſoupé chez *Pouget*, Procureur au Châtelet : la grande chere que ce confrere leur fit, les retint juſqu'à près de minuit ; & enfin s'étant retirez à la faveur d'un flambeau al- lumé, que leur portoit un petit Laquais, ils arrivérent avec bien de la peine par un grand froid, accompagné de pluie & de neige fonduë, à la porte de leur logis. Le Laquais aiant couru devant pour faire ouvrir, & aiant heurté (comme on dit en maître) perſonne ne vint. *Deſpointis* redoublant les coups de marteau inutilement durant près d'une heure, crut que tous ſes gens étoient morts. Un homme bien embarraſſé, ce fut lui : il ſouffroit tout ce que l'on peut ſouf- frir, de même que ſa femme, au milieu

d'une

d'une ruë , par une saison si rigoureuse. Enfin après avoir bien fait du bruit , & reveillé tout le quartier , son Maître Clerc
qui s'étoit saisi de la clef de la porte , &
avoit enfermé la Servante dans sa Cuisine,
après avoir enfin levé un petit chassis de pa-
pier, mit la tête à la fenêtre (chacun sait que
l'a partement des Clercs de Procureurs à Paris est ordinairement au quatriéme ou cin-
quiéme étage de la maison) & aiant demandé,
qui étoit là bas à l'heure qu'il étoit , & si l'on
n'avoit pas de honte de faire un pareil caril-
lon dans le tems que tant d'honnêtes gens
dormoient ? Monsieur *Despointis* lui cria : Faites prontement ouvrir , c'est moi & ma femme , nous sommes morts de froid & mouil-
lés jusques aux os. Qui étes-vous , lui répondit le Maîtrre Clerc? Moi , moi *Despointis*
votre Procureur, allons vîte, diligence donc.

Le maître Clerc qui jouoit parfaitement
bien son rôle, prenant un ton serieux ; vous,
lui dit-il , vous étes Mr. *Despointis* ? j'admire
votre insolence! vous avez bien pris votre
tems pour venir ainsi vous moquer de lui
à sa porte : allez, continua-t-il , cuver votre vin où vous en avez tant pris. Monsieur *Despointis* à l'heure qu'il est, dort de
tout son cœur ; c'est un homme de règle,
dont la porte est fermée à neuf heures pre-
                                              cises.

ciſes. Croiez-moi, n'interrompez point ſon repos ni le mien davantage, autrement vous pourriez bien être rincé de bonne ſorte : A-dieu (lui cria-t-il) camarade, bon ſoir & bonne nuit juſqu'au revoir. Diſant celà il abatit ſon chaſſis & fut ſe coucher, laiſſant impitoiablement *Deſpointis* & ſa pauvre jeune femme tout tranſis de froid dans la ruë, où ils redoublérent encore durant quelque tems leur tintamare qui n'eut aucun effet que de les faire ſouffrir davantage. Aiant paſſé deux heures inutilement à cette por-te, ils furent au *Veau qui tette*, qui eſt un cabaret près le Châtelet, où *Deſpointis* étoit très-connu. Après avoir été une heure à faire lever le maître, & avoir decliné ſon nom, on leur ouvrit enfin ; & à l'aide de quelques fagots il rechauffa ſon nez, qui étoit groſſi & allongé de moitié dans cette ſeule nuit. Il proteſta bien qu'il ſe vange-roit d'un ſi mauvais tour dès le lendemain, en chaſſant ſon maître Clerc de ſa maiſon; mais il l'avoit prevenu, car dès la pointe du jour il étoit parti ; & il n'étoit pas dix heures du matin, que la nouvelle de cette avanture étoit déja répanduë dans tout le Châtelet : jamais il n'a été tant ri d'une ſi plaiſante Hiſtoire, qui a beaucoup ſervi pour obliger *Deſpointis* à être plus indul-

F

gent

gent envers fes Clercs. On pretend que
depuis ce tems-là, la porte de chez lui ne
fermoit plus, que lorfque tout le monde
étoit rentré, quelque heure qu'il fût.

Quelques jours après cette petite difgra-
ce, *Bertinetti* étant revenu chez fon Procureur, recommença fes intrigues avec fa
Maîtreffe qui l'aimoit uniquement : celà
étoit reciproque des deux côtés, & leurs
plaifirs euffent été de longue durée fans
un accident imprevû & qu'on ne pourroit
jamais imaginer, qui arriva & vint décon-
certer par une avanture des plus furprenan-
tes tous leurs beaux projets.

Le jour de la Purification ou autrement
de la Chandeleur à Paris, il fe fait une
proceffion dans toutes les Eglifes, où les
Paroiffiens portent des cierges allumées par
les ruës de cette grande ville ; c'eft une
ancienne coutume introduite depuis long-
tems, laquelle fe pratique encore aujour-
d'hui.

Defpointis paffablement devot pour un
Procureur, avoit demandé à fa femme fi
elle iroit à la proceffion de fa Paroiffe ; c'é-
toit S. Merit ruë S. Martin : elle lui répondit qu'oui & qu'elle n'avoit garde d'y
manquer : il dit qu'il tâcheroit auffi d'y
aller, fi fes affaires le lui permettoient. *Ber-*
tinetti

tinetti aiant trouvé occaſion de joindre ſa Belle, lui gliſſa adroitement un billet, par lequel il lui marquoit que ſi dans le tems de la tournée que devoit faire la proceſſion, elle pouvoit s'échapper & entrer dans une maiſon d'ami qu'il lui indiqua pour une demie heure ſeulement, il s'y trouveroit. Que ne fait-on pas quand on aime tendrement? elle fit un ſigne à *Bertinetti* par lequel il connut que l'affaire ſe feroit, & en même tems il fut donner tous les ordres neceſſaires pour bien recevoir ſa belle Maîtreſſe, & pour profiter avec elle d'un tems ſi pretieux à leurs ardeurs.

Bertinetti ſe rendit donc promptement au rendez-vous, où il fut ſuivi de très-près de ſa belle Maîtreſſe qui s'étant échapée comme ils l'avoient projetté, de la proceſſion de ſa Paroiſſe, l'étoit venu joindre un moment après. De dire quelles inſultes ils firent à l'honneur du pauvre mari, ce ſeroit une hiſtoire des plus plaiſantes; mais leurs plaiſirs furent de ſi peu de durée, qu'à peine commençoient-ils qu'ils furent troublez d'une maniere à ne pouvoir pas en goûter long-tems de pareils.

Les affaires de *Deſpointis* lui aiant permis de ſortir, il fut à la proceſſion comme les autres Paroiſſiens; & étant vis-à-vis

 l'E-

l'Eglise de *St. Julien des Menetriers*, un petit garçon qui étoit derriere lui portant
un grand, cierge fans y penfer & en regardant d'un autre côté, mit le feu dans
la peruque de *Defpointis*, laquelle s'alluma
avec tant de vitelle, que fe fentant brûler
tout vivant, l'expedient le plus promt qu'il
s'imagina, ce fut de prendre ce qui lui
reftoit de perruque & de la jetter dans l'allée d'une maifon toute voifine, où aiant mis
le pié deffus il l'éteignit du mieux qu'il put.
Mais celà ne fe fit point fans donner à rire à ceux qui fuivoient la proceffion, &
interrompit beaucoup leur devotion. Car
c'étoit un plaifant fpectale qu'un homme
dans ce defordre, la tête toute nuë au milieu d'un grand monde, dans une grande
ruë, comme eft celle de St. *Martin*.

Il n'y avoit pas dans cette occafion beaucoup à rire pour *Defpointis* ; mais ce n'é-
toit encore rien que cette avanture, il lui
en arriva bien une autre dans le même endroit que je ne puis paffer fous filence ne
voulant pas en priver le public, étant une
des plus fingulieres & des plus gaillardes
dont j'aie encore entendu parler. La maifon
où *Defpointis* s'étoit refugié en jettant fa peruque dans une allée, comme nous le venons
de dire, étoit juftement celle où *Bertinetti*
avoit

avoit malheureuſement conduit ſa belle Maîtreſſe.

Deſpointis étant monté au premier étage
de cette maiſon, où voiant la clef à la
porte d'une chambre, il l'ouvrit; mais il
fut bien ſurpris de trouver une table dreſ-
ſée ſur laquelle il y avoit un paté de Lievre,
du Boudin & des Sauciſſes, des bouteilles
& des vers à côté, & près d'un petit lit très-
propre deux perſonnes qui s'embraſſoient
fort tendrement, dont l'une étoit ſa femme
plus morte que vive dans ce moment inopi-
né, & l'autre c'étoit *Bertinetti*, qui faiſoit
ce qu'il pouvoit pour ſe cacher. *Deſpointis*,
feignant de ne les pas connoître paſſa dans
une chambre, voiſine où un homme & une
jeune femme parurent très-interdits de le
voir. *Deſpointis* ne pouvant plus y tenir, &
reflechiſſant ſur ſon mauvais ſort, il jugea à
propos, quoi que ſans perruque d'aller lui-
même chercher le Commiſſaire du quartier;
mais il eut la précaution d'enfermer nos
jeunes amoureux à double tour, de peur
qu'ils ne lui échapaſſent; & heureuſement
pour lui, comme il étoit ſur la porte de
la ruë, le Commiſſaire *Priouſt* venant à
paſſer, il le pria d'entrer & de lui rendre
un ſervice, où il s'agiſſoit de ſon miniſtere; à quoi l'autre s'offrit très-volontiers,

F 3   étant

étant d'ailleurs tous deux, amis de longue main.

Dans ce moment une petite Servante s'étant presentée pour entrer dans la chambre fermée, *Despointis* lui demanda ce qu'elle vouloit : elle dit qu'elle souhaitoit de parler à sa maraine qui l'avoit envoié porter une lettre à la poste. Et qui est-elle ta maraine, lui demanda *Despointis* en ouvrant la porte ? C'est, répondit la Servante en voiant deux femmes dans la chambre, c'est dit-elle, les regardant l'une après l'autre, Mademoiselle, Mademoiselle *Stella*, *Stella* * qui justement se trouva être la femme du Commissaire *Prioust*.

Que veut dire donc tout ce jeu-ci, commença *Prioust*, en regardant *Despointis* d'un air très-chagrin ? d'où vient que ma femme & la vôtre se trouvent dans cette Chambre avec deux Messieurs ; & pourquoi les teniez-vous ainsi sous la clef, lors que je suis arrivé ? Je vais vous l'apprendre, reprit *Despointis* ; mais il me paroît avant toutes choses, qu'il n'y a aucun danger de laisser sortir ces Messieurs ; je les croi trop honnêtes gens pour en mal user en les traitant, comme nous faisons ; ainsi Messieurs, leur dit-il, vous pouvez vous re-

* *Voulant dire celle-là.*

retirer où il vous plaira ; ce qu'ils firent l'un & l'autre ſans ſe le faire repeter deux fois. *Deſpointis* aiant auſſi fait ſortir la Servante, conta mot pour mot, tout ce qui lui étoit arrivé depuis que le feu avoit pris à ſa perruque ; & aiant convaincu ſa femme du dernier des crimes, il prioit *Priouſt* d'envoier chercher main forte pour la faire conduire en priſon. Mais ce Commiſſaire conſiderant que ſa femme étoit auſſi de la partie, qu'il ne pouvoit punir l'une ſans l'autre, & qu'elles étoient toutes deux également coupables, les voiant à leurs piés fondant en larmes, implorer leur miſericorde ; je me ſerois bien paſſé, dit-il, de m'être trouvé ici ſi mal à propos ; mais enfin puiſque le ſort l'a voulu, & que nous ne doutons point de notre malheur, dont nous avons toutes les preuves du monde, nous devrions étrangler dans le moment, ces deux miſerables ſi nous leur faiſions juſtice ; mais au bout du compte, continuat-il, en parlant en particulier à *Deſpointis*, n'éclatons point cette affaire, pardonnonsleur, elles deviendront plus ſages, & meriteront par là, que nous oubliions l'offenſe qu'elles nous viennent de faire.

Deſpointis eut bien de la peine à avaler la pilule, elle étoit des plus ameres ; mais

F 4

com-

comme il étoit homme d'esprit & que dans les malheurs de la vie rien ne console tant, que d'avoir ses pareils, il suivit le sentiment du Commissaire. Les deux femmes s'en retournérent chacune chez elles, avec promesse de ne revoir de la vie leurs galants. L'on pretend qu'elles ont tenu paroles à leurs époux; mais l'avanture n'a pas laissé, que d'être sçuë par tout Paris, si vrai que le Commissaire *Prioust* a toûjours été surnommé depuis ce tems-là, Mademoiselle *Stella* * dans toutes les Compagnies, qui la connoissent.

A l'égard de *Bertinetti*, il en fut quitte pour ne plus retourner chez *Despointis*; & aiant fait entendre à son Pere, que comme il étudioit en droit, pour se faire recevoir Avocat, & qu'il y avoit extrêmement loin de la ruë Quinquempoix à la ruë St. *Jean* Debeauvais où est cette école, à laquelle il étoit obligé d'aller tous les jours, aiant encore une année à prendre les leçons publiques pour se rendre capable de soutenir sa derniere these, il lui fit trouver bon, qu'il s'en approchâ, & trouvant à se placer chez *Duquesnoy*, Procureur ruë de la Parcheminerie, qui étoit fort près de son

éco-

* *Qui est le mot, dont se servit la petite Servante.*

école de droit, il y entra, où il fut témoin de pluſieurs pieces nouvelles, qui ne
gâteront rien à la ſuite de cet Ouvrage.

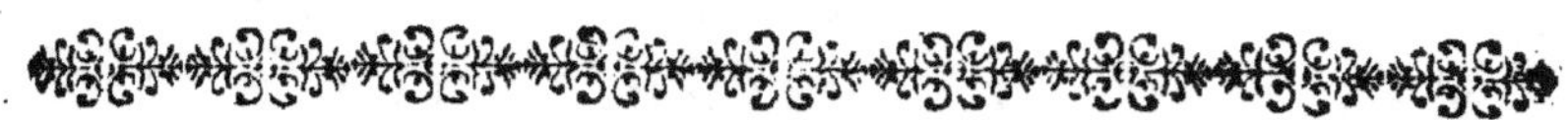

L'OPERA MOYZART.

PIECE BURLESQUE.

DVqueſnoy a beaucoup fait parler de
lui, à cauſe de ſon integrité dans ſa
profeſſion : il étoit déja ſur l'âge, lors que
ſa femme mourut, qui lui avoit laiſſé deux
filles prêtes à pourvoir ; & ſongeant à ſe
retirer, il jugea à propos pour ſon ſoulagement d'aſſocier avec lui à ſa pratique
quelque jeune homme, qui pût épouſer
une de ſes filles, en attendant que l'occaſion ſe preſentât de marier l'autre. *Legay*
un grand benets, qui n'avoit pour tout bien
que ſon écritoire, ſe preſenta ; ſa belle
Chevelure blonde donna dans les yeux de
la fille aînée de *Duqueſnoy* ; il la demande
pour femme, il l'obtient, il s'aſſocie avec
ſon beau-pere, qui remuoit tout en même
tems pour ſe débarraſſer encore de ſa ſe-
conde fille, en lui faiſant de très-grands
avantages. Pluſieurs partis ſe preſentérent

pour

pour cette derniere, & il y eut même nombre de Rivaux en Campagne, qui firent bien du bruit. Et comme ils font le principal sujet de cette Histoire particuliere, il me paroît très-necessaire de les faire ici un peu connoître. Un nommé *Aubert*, fils d'un Boulanger de Gonnesse * après avoir été quelque tems premier Secretaire du Prevôt de son Village se hazarda de venir à Paris, sachant passablement bien écrire, & fut assez heureux d'entrer en qualité de Clerc sans paier pension chez *Duquesnoy*; il y resta très-long-tems, & la principale place venant à vaquer, il fut choisi pour la remplir.

Aubert resta dans ce poste quelques années, & s'étant rendu par ses manieres, & ses services utile à la maison; *Duquesnoy* croiant faire une bonne affaire, jetta la vûë sur lui pour lui faire épouser sa Cadette; & quoi qu'il n'eût point de biens, il lui reconnut assez de capacité pour en gagner; & sans examiner sa naissance, qui étoit des plus basses, il passa pardessus tout pour en faire son gendre. Si c'étoit là les sentimens du pere, ceux de sa fille en étoient bien éloignés; c'étoit une jeune personne toute aimable,

qui

* *C'est un gros Village à quatre lieuës de Paris, où on fait le meilleur Pain du monde.*

qui n'eut pas plutôt apris cette nouvelle,
qui lui fut anoncée par ſon pere, qu'elle lui
declara qu'elle ne ſeroit jamais la femme d'un
Mitron de Gonneſſe (c'eſt ainſi qu'elle appelloit *Aubert*) & qu'elle ne vouloit point
avoir des Oncles & des Couſins Païſans
pour parens; que ſon Pere avoit bien peu
de cœur d'avoir une pareille penſée ; elle
jura qu'elle ne ſe marieroit jamais de la vie,
& ſe jetteroit plutôt dans un Couvent que
de s'encanailler de la ſorte. Elle regarda enſuite *Aubert* comme ſon Perſecuteur ; mais
pour couper la racine, & lui ôter tout d'un
coup toutes les vaines eſperances qu'il
pourroit avoir ſur ſa perſonne, elle le prit
en particulier, & lui dit, qu'elle le croïoit
trop honnête homme pour vouloir qu'elle
fût ſa femme malgré qu'elle en eût; qu'elle n'avoit pour lors aucune volonté de ſe
marier, & qu'elle le prioit de ne la point
troubler davantage, ni de la faire perſecu-
ter par ſon pere inutilement pour lui. *Aubert* voulut lui dire, qu'il ſeroit trop heureux, ſi une pareille affaire ſe terminoit
ſans quelque traverſe, qu'il s'y étoit bien
attendu, mais qu'avec le tems & ſes ſervices, qu'il ne deſeſperoit pas de la réduire.

Si ce ſont là vos ſentimens, lui répondit
cette jeune perſonne, vous vous trompez
très-

très-fort ; car je vous proteste, qu'il n'en
sera jamais rien, & même je vous trouve
bien hardi de vouloir ainsi me contraindre, & encore plus d'avoir jetté la vûë
jusques sur moi. *Aubert* aiant entendu ces
paroles proferées par cette Demoiselle d'un
air à vouloir se bien faire entendre, craignit dés ce quart-d'heure, que son affaire
ne manquât, il mit tout en œuvre près du
pere pour la faire réüssir ; mais la principale partie, s'y opposant formellement, &
n'étant pas possible de conclure la chose
sans elle, il eut le malheur de se voir mé-
prisé, & il en conceut un si grand chagrin
que la fievre l'aiant pris, il en pensa mourir de douleur en très-peu de tems.

Sur ces entrefaites les nommez *Vaubelin*
& *Renard*, tous deux portans le surplis à
l'Eglise St. *Severin*, aiant eu querelle avec
leur Curé, quittérent le petit Colet, & de
Clercs tonsurés qu'ils étoient, ils se firent
Clercs de Procureur, & entrérent ensemble le même jour chez *Duquesnoy*, où ils
trouvérent *Aubert*, qui commençoit à se remettre de la rude maladie qu'il venoit
d'essuier par la cruauté de sa Maîtresse.

Renard & *Vaubelin* se mirent en tête de re-
duire cette fille ; & comme ils étoient tous
deux de bonne famille & avoient passablement

de

de bien , ils avoient lieu d'eſperer qu'il ne leur ſeroit pas ſi difficile qu'à *Aubert* de ſe la rendre favorable. Mais comme ils ne pouvoient pas l'épouſer tous deux , & qu'ils étoient amis inſeparables , ils convinrent, qu'ils feroient l'un & l'autre , tout ce qu'ils pourroient pour plaire à cette jeune perſonne, & que celui en faveur duquel elle ſe declareroit , auroit la preference ſans que ſon camarade s'y oppoſât , & que celà alterât le moins du monde leur étroite amitié. Ils paſſérent enſemble dans cette maiſon près de deux ans , travaillant à ſe rendre capables de ſe faire Procureurs ; & enfin quoi qu'*Aubert* perſiſtât toûjours dans ſes premiers ſentimens , ils ne laiſſérent pas que de s'inſinuer ſi bien près de ſa Maîtreſſe, laquelle aiant à choiſir, même du conſentement de ſon pere un de ces trois Amans, ſe declara hautement en faveur de *Vaubelin,* & donna aux deux autres l'excluſion, dont il n'y eut qu'*Aubert* d'inconſolable.

Bertinetti qui demeuroit avec tous ces Amans , étoit le ſeul le plus heureux ; car il n'avoit pour lors aucune amourette en campagne , & ſon unique occupation étoit de travailler jour & nuit pour ſoutenir promptement ſa derniere Theſe pour ſe faire enſuite recevoir Avocat ; à quoi il avoit

bien

bien de la peine de parvenir , aiant l'esprit
comme nous l'avons déja dit bien enfoncé
dans la matiere. Mais enfin il étoit deter-
miné de donner satisfaction à ses parens,
& n'oublioit rien en cette occasion pour
leur plaire.

Il arriva un certain matin que *Vaubelin*
descendant de sa chambre dans l'étude du
Procureur , s'étoit frisé les cheveux si plai-
samment la veille, qu'étant encore extrêmement courts à cause qu'il avoit été tonsu-
ré , il s'étoit fait deux cornes sur le devant
de sa tête, qui paroissoient assez naturelles
& qui donnerent occasion à *Aubert* d'en
faire de très-grandes railleries. *Vaubelin* fut
surnommé *Moïse*, & chacun lui fit la guerre sur une si plaisante figure ; sa Maîtresse en rit comme les autres, & ne s'imagina pas qu'une avanture de si petite consequence deût avoir une suite pareille à
celle qui arriva.

Je n'ai pû me dispenser de rapporter
ici toutes ces petites circonstances, quoi
qu'elles ne paroissent pas considerables ;
mais elles sont trop essentielles au sujet que
je traite pour les avoir omises.

Nonobstant toutes les railleries d'*Aubert*,
Vaubelin ne laissa pas que d'aller son chemin ; il prit la perruque puisqu'on s'étoit
mo-

moqué de lui à cauſe de ſes cheveux ; il
ſe fit recevoir Procureur, demanda en forme, Mademoiſelle *Duqueſnoy* en mariage,
l'obtint ſur le champ & l'épouſa à la barbe
de ſes rivaux, dont le plus redoutable étoit
Aubert, qui reſolut de s'en vanger dė la maniere que nous allons l'apprendre.

Le jour même des nôces de *Vaubelin*,
Aubert ſortit comme un enragé de la maiſon de *Duqueſnoy* , & dit les dernieres in-
famies contre le pere & la fille qui lui a-
voient donné du pain tant d'années. Et
non content de les paier d'ingratitude, il
ſongea à une vangeance d'éclat , croiant
par cet endroit leur cauſer bien du chagrin ; mais il eut le malheur de voir avor-
ter ſes infames projets , & il penſa lui en
coûter la vie.

Aubert connoiſſoit la plus part des Chan-
teurs & des Muſiciens de l'Opera, il avoit
la voix aſſez belle, il ſe joignit à eux , &
après avoir fait compoſer quelques Chan-
ſons ſatiriques ſur les airs de l'Opera, qui
couroient le plus, par leſquelles voulant
donner à entendre au public que *Vaubelin*
étoit un veritable *Moïſe* & que ſa femme
lui faiſoit porter des cornes , ils invente-
rent contre la vertu, l'honneur, & la reputation de ces deux jeunes époux tout ce
que

que l'enfer même auroit de la peine à s'imaginer. C'étoit pousser la vangeance bien loin sans qu'il lui en revînt rien ; mais enfin il se contentoit. Toutes ces chansons étant ainsi composées comme je le viens de dire, on les notta toutes, & elles furent imprimées par parties chez *Ballard* * tant pour les voix que pour les instrumens ; & après avoir assemblé plus de 40. personnes qui dévoient remplir cet Opera *Moizard*, qui est le nom qui lui fut donnée, *Aubert* fit la dépense de louër une grande maison vis-à-vis celle de *Vaubelin* ; & la premiere representation s'en fit le jour même de ses nôces ; ce qui donna une grande mortification aux nouveaux mariés & à leur famille. Enfin il ne fut question durant trois mois que cet Opera continua, que de *Moïse* ; tout Paris vint en affluence pour entendre les voix qui étoient des plus belles & des mieux choisies de toute la ville. Enfin cette affaire fit un si grand bruit, & il y avoit tant de monde dans ce quartier lors que l'Opera commençoit, qui duroit ordinairement deux ou trois heures, que les ruës, les maisons voisines, jusques sur les toits, étoient remplies de toutes sortes

* *C'est le seul Imprimeur à Paris pour la Musique.*

tes de gens que la nouveauté du ſujet &
la beauté des airs attiroient de toutes parts.

Vaubelin & ſa famille qui ſe trouvérent
outrés d'un pareil affront, prirent les voies
de douceur pour faire ceſſer cette ſimpho-
nie ; mais ils avoient à faire à des gens
ſans raiſon, & plus ils témoignoient que
l'Opera leur faiſoit de la peine, plus on
s'efforçoit d'en empoiſonner les paroles
& de les répeter jour & nuit à leurs oreilles. L'on eut recours enfin à Mr. le Lieutenant Criminel, lequel s'étant tranſporté
dans une maiſon voiſine de cette celebre
Academie, il y reſta depuis le commencement juſques à la fin, & lorſque la mu-
ſique fut ceſſée, il dit à *Vaubelin* & à tous
ceux qui étoient preſens, que de ſa vie
il n'avoit entendu une meilleure piece; que
bien loin de la défendre, il prieroit ces Meſſieurs de la continuer, tant qu'ils le juge-
roient à propos ; qu'il n'y avoit rien que de
très-innocent dans leur procedé, qu'il n'é-
toit point défendu à Paris ni ailleurs de ſe
divertir, que *Vaubelin* avoit tort de s'être
offenſé d'un pareil jeu, qu'il ne s'appelloit
point *Moïſe*, & que très-mal à propos ſe
trouvoit-il choqué. Que cet Opera ne le
regardoit en aucune maniere, & qu'il étoit
heureux de l'avoir devant ſa maiſon, où il

G

pou-

pouvoit goûter le plaisir d'entendre de si belles voix, qui devoient bien plutôt le rejouïr, que de le chagriner. Ce discours aiant été rapporté mot pour mot à la bande joieuse, & se voiant ainsi aprouvés par un Magistrat de credit ils continuérent leur Opera très-long-tems. Je n'en ai retenu qu'un air, qui a beaucoup couru dans Paris, sur celui de *Jupiter vient sur la terre:* je n'en rapporterai ici les paroles seulement que pour ceux qui ne les ont pas entenduës, lesquelles pourront par ce petit échantillon juger ce que c'étoit que ce petit Opera burlesque.

CHANSON

DE

L'OPERA MOYZARD.

L Es cornes des Cocus ne sont pas deshon-
  nêtes, .
　Moïse à ce qu'on dit en portoit autrefois:
Vous qui tout comme lui en portez sur vos
　têtes,
Etablissez ainsi vos loix.

Faï-

Faites que pour une ſomme,
  De Femme on puiſſe changer;
Vous ne verrez pas un homme,   Bis.
  Qui ne s'y vienne ranger.

Quoi qu'il en ſoit, les honnêtes gens, blamérent infiniment *Aubert*; & il s'en preſenta même pluſieurs, qui offrirent leurs bras à *Vaubelin* pour le punir. On commença par faire jetter de l'eau, & des pierres très-groſſes du haut des maiſons ſur ceux qui ſe trouvérent dans les ruës lors des repetitions; il y en eut même nombre de bleſſez; & cette affaire penſa par la ſuite cauſer bien du malheur, & même quelque ſedition dans Paris. Mais comme les Muſiciens ne ceſſoient point & prenoient plaiſir à leur jeu, on conſeilla à *Vaubelin* de parler à des Soldats aux Gardes, & de leur donner quelques piſtoles pour repaſſer un peu les épaules d'*Aubert*, auquel apparament elles démangeoient depuis bien long-tems. Le parti leur fut propoſé, *Aubert* fut guetté un ſoir qu'il ne s'y attendoit pas, il fut ajuſté (comme on dit) en enfant de bonne maiſon : on lui donna cent coups de bâton, & il fut laiſſé pour

mort sur la place , dont il rechapa pourtant après avoir été entre les mains des chirurgiens plus de six mois. Cette derniere
scene aiant fini l'Opera Moïsard , personne ne fut assez hardi pour le recommencer;
chacun se trouva déconcérté , & craignit
avec raison quelque traitement pareil à celui d'*Aubert* , dont la vie a été très-languis-
sante depuis ce tems-là. Et comme il n'a jamais pû profiter après une pareille action,
il est encore à l'heure que j'écris Clerc de
le Gay Procureur gendre de *Duquesnoy* , où
à peine gagne-t-il dequoi avoir du pain.

L'Opera Moïzard & toutes les galanteries de *Bertinetti* nous aiant un peu écar-
tés de notre sujet, il faut en reprendre la
suite à la sortie de son école de droit, où
enfin le jour fut pris par les Docteurs pour
lui faire soûtenir sa derniere These ; A
quoi il ne seroit jamais parvenu si tous ses
argumens ne lui avoient été communiquez
par écrit & s'il n'eût soûtenu à six heures
du matin dans le tems qu'il n'y avoit encore personne de venu que les Professeurs ;
mais avec quelques pistoles il se tira d'intrigue , & enfin il fut reçu Licentié , & peu
de jours après s'étant presenté au Parlement
il y prêta le serment d'Avocat entre les
mains de Monsieur le premier President.

Ber-

Bertinetti après cette belle expedition ſe
diſpoſa à retourner chez ſon pere ; il étoit
encore dans la maiſon de *Duqueſnoy* lors
du mariage de ſa fille, & il fut témoin
avant d'en ſortir d'une action très-particu-
liere que fit *Vaubelin* en ſa preſence, peut-
être ſans y penſer, peut-être auſſi à deſſein.

A V A N T U R E

*Particuliere au ſujet d'un Teſtament envoié des
Iles de l'Amerique à un Frere à Paris.*

Vaubelin n'avoit qu'un Frere, avec lequel il avoit de grands Biens à parta-
ger ; & ce Frere étoit depuis dix ou douze ans parti pour les Iles de l'Amerique
avec un ſeul Valet, & n'avoit depuis ce
tems-là aucunement entendu parler de lui ;
ſi bien qu'il ne doutoit point, de même
que toute ſa famille, qu'il ne fût mort. Un
jour que *Vaubelin* étoit ſeul avec *Bertinetti*
un homme d'un aſſez mauvais air, aiant
une mouſtache retrouſſée & d'un regard à
faire trembler, demanda à lui parler en
particulier. *Vaubelin* qui eut peur que ce

G 3

ne

ne fût quelque voleur , qui le vînt assassi-
ner, lui dit, qu'il n'avoit rien de caché
pour *Bertinetti* , que c'étoit son meilleur
ami , & qu'il pouvoit en toute liberté s'expliquer devant lui ; ce que l'autre refusa
très-long-tems de faire, soutenant que ce
qu'il avoit à dire , étoit d'une si grande
conséquence, que celà ne pouvoit s'expliquer qu'entre quatre yeux.

Vaubelin s'obstinant à ne vouloir point
que *Bertinetti* s'écartât, cet avanturier lui
parla dans ces termes. Je connois , lui
dit-il, Monsieur , votre famille depuis plus
de vingt ans, quoi que vous ne me remet-
tiez pas ; cependant je vous ai vû bien petit de même que Monsieur votre frere qui
depuis si long-tems est parti pour les Iles :
c'est lui Monsieur qui m'a envoié exprès à
vous, pour vous entretenir d'une chose qui
pourra peut-être vous être agréable.

Où est-il a present ? interrompit *Vaubelin* ,
qui avoit changé de couleur à cette nouvelle. Il est mort , lui répondit l'autre ;
mais il a fait un Testament, dont je suis
porteur, & que voici, dit-il, en le tirant
d'une vessie de sanglier, qui luî servoit de
portefeuille, qu'il avoit dans sa poche,
par lequel vous allez connoître, qu'il m'a
laissé trois cens pistoles pour recompense

de

de mes ſervices , & qu'il a fait bien .d'autres legs, de ‘plus grande conſequence ,
qu'il vous a prié avant que de mourir ,
d'acquitter s'il vous plaît.

Vaubelin s'étant remis un peu l'eſprit, prit
le Teſtament de la main de ce Valet ; car
c'étoit effectivement celui de ſon Frere , &
ſans le lire il le jetta au feu , où il fut con-
ſommé dans le moment. Comment Mon-
ſieur, que faites-vous ? lui dit le Valet, c'eſt
le Teſtament de Monſieur votre Frere , que
vous brulez : ha Ciel ! s'écria-t-il, je ſuis perdu, je ſuis ruiné : malheureuſe journée , qui
me ramene de ſi loin pour être témoin d'une
ſi grande diſgrace ! Quoi donc, lui dit *Vau-*
belin d'un grand ſang froid, cette piece que
vous venez de me remettre entre les mains,
c'étoit le Teſtament de mon Frere ? L'autre
lui proteſta , que oui. Que nous importe,
répondit *Vaubelin* ; celà merite-t-il la moindre attention ; il ne pouvoit après douze
ans d'abſence ſans m'écrire , me faire une
piece plus ſanglante , que de m'envoier
ſon Teſtament , dont je ne veux jamais entendre parler , ſi ce n'eſt ſur l'article qui
te regarde. Il t'a laiſſé à ce que tu m'as aſ-
ſuré mil écus, il ne te ſera fait aucun tort,
je te le promets, je te les donnerai, voi
& cherche à quoi les emploier , c'eſt de

l'argent, sur lequel tu peux hardiment compter, mais si tu ouvres la bouche en aucune maniere de ce Testament, fais fond que tu n'auras jamais rien de moi. Ce Valet s'appaisa tout d'un coup, & promit à *Vaubelin*, qu'il garderoit tel silence, qu'il voudroit en cette occasion. Il lui remit ensuite le certificat en forme de la mort de son Frere, qui étoit la piece, dont il avoit le plus de besoin pour s'emparer promtement du bien, qui lui revenoit. Ensuite il assura ce Valet, qu'il auroit absolument soin de sa fortune, s'il vouloit demeurer à Paris : mais l'autre, qui avoit gouté de l'air des Indes, qui s'y plaisoit beaucoup, & qui prévoioit qu'avec les mille écus, qui lui seroient comptés avant que de partir, il pourroit aisément parvenir à une fortune considerable, aiant une connoissance parfaite des manieres de s'avancer dans ce païs, dit résolument à *Vaubelin*, qu'aussitôt qu'il auroit touché son argent, il partiroit à moins qu'une petite affaire, qu'il avoit à communiquer à la Cour par un memoire, qu'il avoit tout dressé, ne le retînt en France quelque tems.

Vaubelin curieux, aiant jetté la vûë sur ce memoire, reconnut, que c'étoit des propositions, que ce Valet faisoit au Roi,

pour

pour faire ſortir du port de Marſeille mil ou douze cens Galeriens, qu'il ſe charge-roit de faire conduire aux Iles, ſur deux Fregattes, armées, fournies & defraiées aux frais de Sa Majeſté.

Qu'il lui ſeroit libre de vendre ou ſim-plement d'engager les Galeriens pour trois, ſix ou neuf années, leſquels au bout de ce tems recouvreroient leurs libertés, & fai-ſoit voir un ſi grand profit du revenant bon de cette vente, dont il devoit rapporter du Sucre, du Tabac & d'autres Marchan-diſes, que rien n'étoit mieux entendu que ce memoire. Et *Vaubelin* lui aiant dit, que cette affaire lui paroiſſoit bonne, Ho reprit ce Valet, ce n'eſt pas là encore l'eſſentielle: le principal de tout ceci, & ſur quoi rou-le le plus gros profit que j'en eſpere, c'eſt qu'auſſi-tôt que je ſerai chargé de ces Ga-leriens, comme il s'en trouve qui ſont de famille, & qui ont pardevers eux de quoi ſe racheter, je tirerai de l'un cent piſtoles, de l'autre quatre cens écus, enfin plus ou moins, & ſans les mener aux Indes, j'en débarquerai une bonne partie ſur les pre-mieres côtes, leſquels rentreront en Fran-ce; où bien ſe tranſporteront, où il leur plaira. Et toi, lui dit *Vaubelin*, ſi tu ſui-vois une ſi mauvaiſe idée, je ne répondrois

pas

pas de ta vie pour un quart-d'heure ; ôte-toi
ette affaire de la tête, elle ne vaut rien
qu'à te faire pendre. Songe serieusement
à ton retour, & si tu veux partir dés demain,
je te ferai fournir au lieu de mille écus,
que mon Frere t'a laissés quatre mille livres
sur *La vera Crux*. Ce Valet accepta le parti, *Vaubelin* l'exécuta sur la parole qu'il
lui donna d'être secret ; il s'en retourna
avec sa remise le plus content du monde,
& *Vaubelin* fut déchargé de bien des choses
par ce tour d'adresse.

Bertinetti étant enfin retourné dans sa
maison paternelle, s'apliqua très-serieusement au Bareau aiant dessein de devenir un
fameux Avocat ; mais quoi qu'il fût assez
effronté, il n'avoit pas assez de hardiesse
pour pouvoir parler un seul quart d'heure en public : son pere lui fit là-dessus
bien des reproches qui le chagrinérent si
fort, qu'il mit tout en usage pour lui donner là-dessus toute sorte de satisfaction. Il
se prepara donc durant plusieurs mois, pour
plaider une cause à la Cour des Aides ;
il savoit son plaidoié par merveille, & le
recitoit dans sa chambre tout seul, d'une
maniere à être aplaudi de tous ses Audi-
teurs : mais lors qu'il se presentoit à l'au-
dience & qu'il étoit prêt d'ouvrir la bouche,

che, tous ſes ſens fremiſſoient, & il lui étoit impoſſible de proferer un ſeul mot.

Cette timidité le chagrina, & il voulut à quelque prix que ce fût la ſurmonter. Il mit tout en œuvre pour y parvenir, & s'aviſa de la plus plaiſante invention pour ſe donner la hardieſſe qui lui manquoit, dont jamais perſonne que lui n'avoit encore eu l'idée.

Etant un jour revenu du Palais au deſeſpoir contre lui-même, de n'avoir pas oſé commencer ſon plaidoié quoi qu'il s'y fût ſi long-tems preparé, & que ſa cauſe eût été appellée en ſa preſence, & croiant que la vûë ſeule de tous les Juges lui imprimoit tant de reſpect, qu'il n'oſoit pas ſeulement ouvrir la bouche devant eux, il diſpoſa une maniere de Tribunal dans ſon grenier, où aiant arrangé deux douzaines de grands fagots & une groſſe buche dans le centre, il ſe fit apporter autant de robes noires qu'il en eut beſoin, & en aiant revêtu toutes les pieces de bois, il leur mit au-deſſus à chacune un bonnet carré. & la groſſe buche repreſentant le premier Preſident, & tous les fagots ſes Conſeillers, il forma encore un Greffier au-deſſous, avec un Huiſſier audiantier qui paroiſſoit tenir à la main un placet.

Ce

Ce Tribunal grotesque étant ainsi fabriqué, ce jeune Avocat après avoir bû un grand verre d'eau de vie, endossa sa robe & se mettant dans l'esprit qu'il alloit plaider devant les Juges, il s'exerca durant huit jours dans cet auditoire d'une maniere dont il parut très-content de lui-même. Enfin se sentant assez de force pour pouvoir s'exposer après celà à parler en public, un beau jour au lieu de monter à son grenier à son ordinaire, il prit le chemin dé la Cour des Aides, où on lui donna audiance sur le Champ ; & aiant commencé par ce mot de *Messieurs*, il le repeta trois fois sans en pouvoir dire davantage, parce que le premier President lui dit, Avocat couvrez-vous; & que celui devant lequel il s'étoit si long-tems exercé, ne l'avoit jamais interrompu. Il sortit du bareau dans une extrême confusion, & après être rentré chez lui, il jetta sa robe & son bonnet très-en colere, avec protestation que de ses jours il ne s'en serviroit. Il tint parole, car dès le même moment aiant témoigné à son pere l'accident qui lui étoit survenu au Palais malgré toutes ses precautions, comme il n'avoit point d'autres enfans, il ne voulut pas forcer son inclination, & le laissa maître de faire tout ce qu'il jugeroit à propos.

Dans

Dans ce tems-là, le Roi pour reconnoître toutes les peines que *Bertinetti* le pere
s'étoit données pour la fabrique d'un nombre infini de Medailles, qui étoient toutes
de ſon imagination, lui augmenta encore
ſa penſion de deux mille livres, & fit preſent à ſon fils d'un nouveau benefice, à
peu près de la même valeur ; ce qui acheva de mettre cette petite famille tout-à-
fait à ſon aiſe, puis qu'elle jouiſſoit viſi-
blement de plus de dix mil livres de revenu : ils ſongérent pour lors à faire un fond
pour ſur leurs vieux jours pouvoir ſe re-
rirer dans leur païs natal pour lequel *Antonine* ſoupiroit à tous momens.

L'Abbé *Bertinetti* ſe voiant gros benefices à l'âge de vingt-cinq ans, conceut de
grandes eſperances de la faveur, que ſon
pere avoit à la Cour : il ne ſe promettoit
pas moins, que d'obtenir un jour quelque
Eveſché ; mais il ne devoit pas ſe flatter
de devenir jamais un grand Predicateur,
puis qu'il n'avoit pas eu la force de plaider une mauvaiſe cauſe. Le pere eut bien
voulu conſerver les benefices, & pouvoir
marier ſon fils unique, afin que ſa poſte-
rité ne fût pas éteinte par ſa mort : mais
ce jeune homme aiant commencé à ſe remettre l'amour en tête, lui donna bien
d'au-

d'autres exercices, comme nous allons le voir ci-après. Il y avoit dans le quartier de St. Merit, où il avoit demeuré si long-tems en pension, une jeune Demoiselle nommé; *Merielle*; elle n'avoit plus ni pere ni mere & vivoit seule en son particulier, avec une simple Servante, jouïssant seulement de quatre à cinq cens écus de revenu, avec lesquels elle faisoit dans le monde une assez jolie figure. L'Abbé l'aiant trouvée tout-à-fait à son gré, lui avoit souvent rendu visite, & en avoit été très-bien reçû : il y alloit presque tous les jours, & la liberté qu'il eut de la voir à toutes les heures qu'il lui plaisoit, l'engagea sans qu'il en eût d'abord aucun dessein, bien plus avant qu'il ne l'avoit pensé : cette Demoiselle voioit très-peu de monde, ce qui faisoit beaucoup de plaisir à l'Abbé.

Il s'étoit mis sur le pié d'y venir manger quelquefois, & elle ne faisoit aucune difficulté de le recevoir, le regardant comme un bon ami, qui lui plaisoit beaucoup, & avec lequel elle passoit quelques heures assez agréablement ; il ne venoit jamais, qu'il n'apportât son plat & quelques bouteilles de vin, en agissant aussi librement que s'il eût été chez lui.

Un jour qu'il avoit resolu de venir sou-
pe

per ſeul avec *Merielle*, il s'aviſa dans l'a-
près midi de paſſer chez elle pour l'en
avertir, & étant monté dans ſa chambre, il fut très-ſurpris de l'y trouver avec
deux Demoiſelles de ſes bonnes amies, &
trois Meſſieurs, qui les avoient accompa-
gnés à cette viſite, qui commençoient à
joüer au lanſquenet. Quoi que l'Abbé n'eût
pas deſſein en arrivant de reſter, *Merielle*
lui aiant demandé, s'il vouloit être de la
partie, il ne put refuſer des cartes, &
joua comme les autres; mais avec beaucoup de malheur, parce qu'il ne prenoit
pas garde à ſon jeu, & étoit beaucoup intrigué de voir un jeune Mouſquetaire très-
bien fait & de bonne mine, qui en comptoit fortement à *Merielle*, & lui parloit
avec une extrême liberté. Tant de familiarité lui donnant de terribles ſoupçons, &
croiant que cette fille ne connoiſſoit pas ce
jeune homme depuis deux jours, il en con-
çût un chagrin & une jalouſie effroiable,
& ſans en ſavoir la raiſon, il le bruſqua
même dans le jeu avec aſſez de malhonnê-
teté. *Merielle* qui s'en apperçût ſe douta
de la verité; elle connut bien que cette viſite, à laquelle l'Abbé ne s'étoit pas attendu, lui avoit mit martel en tête; mais
n'aiant rien à ménager avec lui, puis qu'ils

ne

ne s'étoient jamais vûs, que sur un pié de
bonne amitié, que jamais *Bertinetti* ne s'é-
toit avisé de lui rien dire, qui eût pu lui faire
connoître, qu'il eut d'autres sentimens pour
elle; sans faire semblant de s'appercevoir du
chagrin, dont son ame étoit agitée, & qui
paroissoit dans toutes ses actions : prenant
toûjours le parti de la raison dans toutes
les disputes, qu'il faisoit mal à propos au
jeu, elle les decidoit en riant en faveur du
jeune Mousquetaire, dont l'Abbé étoit enragé.   Ils jouérent tout l'après-midi, &
Merielle aiant retenu à soupé toute la compagnie, ils y restérent excepté *Bertinetti*
quoi qu'elle l'en priât aussi très-fort. Il la
remercia avec assez de froideur, lui disant,
qu'il ne vouloit pas lui être incommode davantage ni troubler une fête, qui lui faisoit tant de plaisir : il quitta le jeu, &
après avoir laissé vingt Louïs sur la table,
qu'il venoit de perdre, il gagna la porte
se retirant sans dire seulement un seul mot
à personne, fronçant le sourcil & enfonçant
son chapeau d'un air de colere à faire entendre à *Merielle*, qu'elle ne le reverroit
pas si-tôt.

Cette jeune personne se trouva fort irri-
tée & très-scandalisée de ce procedé; elle
dit tout haut, après qu'il fut parti, que
cet

cet Abbé ne ſavoit pas vivre, qu'aparamment il avoit quelque choſe en tête, mais qu'il pouvoit aller diſſiper ſes chagrins ailleurs : que s'il s'aviſoit jamais de la revenir voir, qu'elle lui feroit fermer la porte au nez.

Mais *Merielle* n'eût pas cette peine, car *Bertinetti* au deſeſpoir d'avoir vû le Mouſquetaire lui parler avec tant de familiarité fut ſi troublé, que s'étant apperçu que ſon cœur étoit plus engagé qu'il ne l'avoit cru, proteſta puiſque la place étoit priſe, & qu'il avoit à faire à un Rival ſi redoutable, de la laiſſer en paix jouïr de ſa conquête & de ne rétourner jamais chez elle.

Ce fut alors qu'il fît toutes ſortes de réflexions ſur la perte qu'il venoit de faire, que *Merielle* lui parut cent fois plus aimable dans ſon idée qu'il ne l'avoit jamais vûë, & connut que ſon cœur étoit engagé d'une maniere à lui donner bien du tourment. Il tâcha vainement à s'en détacher, & il ne crut point trouver de plus promt remede à ſon mal, qu'une abſence de quelque tems ; il partit dès le lendemain pour la campagne, & fut voir un de ſes particuliers amis qui étoit à *Creſpy en Vallois*, qui eſt une petite ville à quatorze lieuës de Paris.

Il trouva chez le Lieutenant General de *Crespy* l'ami qu'il étoit allé chercher, qui étoit le Chevalier de *Riotort* Commandant la Compagnie des Grenadiers du Roi à cheval, qui pour lors étoit en quartier de Rafraichissement dans cette petite ville. Il y avoit long-tems qu'il le solicitoit de venir prendre part des plaisirs de la chasse qui y est très-belle en cet endroit, à cause du voisinage de la forêt de *Villers-coterest* qui en est tout proche. *Bertinetti* fut reçu le plus agréablement du monde; & comme dans ces sortes de petites Villes, l'on y vit avec bien plus de liberté & beaucoup moins de ceremonie qu'à Paris, le Chevalier l'aiant produit les premiers jours dans toutes les assemblées les plus raisonnables il fut très-satisfait d'y être venu; & s'étant contenté d'écrire une Lettre plaine de duretés à la belle *Merielle*, dont il ne reçut aucune réponse, il travailla très-serieusement à l'oublier.

Le Chevalier de *Riotort* étoit intrigué d'amourette avec la femme du Lieutenant general, dont même on causoit beaucoup. Elle avoit près d'elle une jeune parente de *Compiegne*, qu'on nommoit Mademoiselle *Caron*. Cette fille ressembloit si fort à *Merielle* de toutes manieres que *Bertinetti* crut

la

la revoir, il lui fit beaucoup d'honnêtetés, & fut aſſez heureux d'être reçu avec bien des marques de diſtinction. Cette Demoiſelle avoit un petit engagement avec le Chevalier de *Monplaiſir*, qui étoit Officier de la même Compagnie : de celle de *Riotort*, c'étoit un homme bouillant, & qui en fait d'amour n'entendoit aucune raillerie.

Les viſites frequentes de l'Abbé qui cherchoit à engager cette jeune perſonne, le chagrinérent : il en parla très-ſerieuſement à ſa Maîtreſſe, & la pria très-fort de l'écarter ; mais elle qui comptoit très-peu ſur cet Officier, qui au premier ordre de la Cour la quitteroit pour aller en conter à une autre, ſe moqua de lui, & lui fit entendre, qu'elle étoit encore bien jeune pour ſe captiver comme il le ſouhaitoit ; qu'il ne lui parloit pas comme un Amant, mais comme un homme qui croioit déja avoir quelque empire ſur elle. Que ſi elle étoit aſſez folle d'écouter les propoſitions de mariage, dont il l'avoit amuſé, depuis qu'il étoit dans la Garniſon, & que la choſe eût été au point qu'il paroiſſoit ſouhaiter, qu'il lui auroit apparamment fait voir bien du païs : puis que ſans qu'il y eût encore entre eux aucun engagement, il commençoit à lui parler en Maître. Qu'elle n'étoit pas si simple, que de sacrifier ainsi sa jeunesse & sa liberté, qu'elle vouloit voir l'Abbé, qu'elle le verroit, qu'il le trouvât bon ou non ; que s'il n'en étoit pas content, qu'il prît des cartes.

Elle lui en auroit dit davantage, si la Lieutenante Generale ne fût survenuë très-à-propos pour interrompre une conversation, qui commençoit déja un peu à s'échauffer. Elle entra dans la chambre suivie d'un garenier, qui venoit de *Fontainebleau* lequel lui apportoit de la part de son pere, qui pour lors étoit le concierge du Château, un grand panier de toutes sortes de Gibier, avec une Lettre très-obligeante par laquelle il lui marquoit, qu'aiant été informé qu'elle avoit très-bonne Compagnie chez elle, il lui envoioit ce petit secours pour aider un peu à la bien regaler : qu'il l'avertissoit que dans quinze jours au plus tard, une de ses sœurs devoit faire Profession aux Urselines de la *Fertémillon*, qu'il la prioit de venir assister à la Ceremonie, qui ne pouvoit qu'être agréable à toute sa famille, puisque par cet endroit toute sa succession la regardoit ; qu'il ne doutoit pas que Monsieur le Lieutenant General ne lui fît l'honneur de s'y trouver aussi : qu'il en prioit de même la jeune *Ca-*

ron & tous leurs amis, & que ſi Monſieur le Chevalier de *Riotord* & les autres Officiers de ſa garniſon vouloient faire une partie de chaſſe, & courir quelque cerf dont la forêt regorgeoit, il leur donneroit cette ſatisfaction. La Lieutenante Generale aiant lû tout haut cette obligente lettre, elle paſſa dans ſon cabinet pour y répondre. Durant ce tems-là, *Monplaiſir* en regardant d'un air très-ſoumis ſa belle Maîtreſſe, lui demanda ſi elle étoit encore en colere. Oui, dit-elle, je la ſuis & je la ſerai toute la vie contre vous. Je vous trouve plaiſant, de me venir ici controler, & de me vouloir impoſer des loix comme ſi je vous appartenois par quelque endroit : oui, je vous le repete, ſi vous ne l'avez pas bien entendu ; je verrai l'Abbé malgré vous, & malgré vos dents ; ſi vous le trouvez mauvais, faites-y une ſauce.

Cette petite perſonne, car effectivement Mademoiſelle *Caron* étoit d'une taille très-mediocre, mais bien priſe, lui dit ces dernieres paroles avec tant de feu, qu'elle en parut à *Monplaiſir* mille fois plus belle : il retourna la choſe fort galamment, lui faiſant entendre qu'il y avoit un vrai plaiſir de l'avoir miſe un peu en colere, que jamais il ne l'avoit vuë ſi charmante, & que ſi ce

n'é

n'étoit la crainte de lui déplaire, il ha-
zarderoit quelquefois à lui donner quelque
petit chagrin, puis que celà produisoit de
si beaux effets. Je ne vous conseille pas, lui
dit cette aimable personne, de vous y jouër;
& si de votre vie vous vous avisez de me
tenir un pareil langage que celui que je
viens d'entendre, je vous assure que vous
n'aurez pas long-tems le plaisir que je vous
viens de donner.

Cet Officier se trouva très-surpris de la
maniere, dont cette jeune Demoiselle le
traita : il vît bien qu'elle n'étoit pas novice dans cette matiere, il prit le parti
de se retirer & de faire place à *Bertinet-*
ti, qui arriva dans ce même moment ;
mais ce ne fut pas sans peine qu'il les
laissa seuls. Si aussi bien l'Abbé eût été un
Cavalier, l'affaire ne se seroit pas passée
avec tant de douceur, ni sans une grande
explication.

L'Abbé profitant de l'occasion, dit mil-
les galanteries à Mademoiselle *Caron*, qui
étoit encore toute émuë de la conversation qu'elle venoit d'avoir avec *Monplai-*
sir : il lui fit une declaration très-serieuse
de la passion qu'elle avoit fait naître dans
son ame, & elle l'écouta avec beaucoup
d'attention, se faisant comme mille autres

tres femmes quelque plaiſir d'avoir ſi prontement captivé le cœur de ce nouveau venu.

Monplaiſir aiant eu quelques affaires à la Cour pour ſa Compagnie, fut obligé de partir de *Creſpy* le lendemain : il voulut voir un moment Mademoiſelle *Caron* ; & quoi qu'il fût un peu matin, & qu'elle n'étoit pas encore levée, il la fit prier qu'il eût l'honneur de lui venir dire adieu, qu'il étoit obligé de s'abſenter pour quinze jours ou trois ſemaines.

Mademoiſelle *Caron* fit réponſe, qu'on le pouvoit faire entrer : il monta dans le moment dans ſa chambre, croiant la trouver ſeule, mais il fut bien ſurpris de la voir dans ſon lit, ſur lequel l'Abbé étoit aſſis. *Monplaiſir* aiant ſeulement entr'ouvert la porte, & voiant *Bertinetti* avec elle, il ne demanda pas ſon reſte : il deſcendit prontement l'eſcalier, & promit bien en lui-même de ſe vanger de la perfidie de ſa Maîtreſſe, & de faire perir l'Abbé à quel prix que ce fût.

Il partit donc ſans lui dire adieu, très-chagrin du tour que cette Demoiſelle lui venoit de faire ; mais comme il l'aimoit veritablement, & qu'il avoit cru être aſſez bien dans ſon eſprit, un ſi pront chan-

H 4

gement

gement le piqua au vif. Il ne devoit point douter de son malheur, puis qu'il en avoit été témoin lui-même ; enfin renfermant sa douleur dans son ame, il monta à cheval pour Paris , · d'où il écrivit une Lettre à Mademoiselle *Caron* à peu près dans ces termes.

LETTRE

Du Chevalier de *Monplaisir* à sa belle Infidéle.

Est-il possible, ma belle Demoiselle, après plus d'une année de services, & tant de marques sinceres que je vous ai donnez du plus parfait amour, dont jamais homme ait été capable, que vos beaux yeux, & votre belle bouche m'ont confirmé mille fois que vous approuviez ma passion, & que ma recherche ne vous étoit pas indifferente ; que vous aiez changé avec tant de legereté, & que vous m'aiez preferé un jeune étourdi d'Abbé, dont l'esprit & toute sa personne n'ont rien que de mince & de très-plat. Il est la cause de mon malheur, & indigne de ma vangeance : cependant il trouble mon repos, & tous les plaisirs que je goûtois dans la vie, par l'espe-
rance

rance dont je m'étois flaté, de la poſſeſſion de la plus aimable perſonne qui ſoit au monde. Ma belle Maîtreſſe aiez pitié d'un malheureux Amant qui vous adore, & qui mourra d'affliction ſi vous ne lui rendez votre cœur, ſur lequel il comptoit, par une paſſion ſans exemple, d'avoir quelque droit. Accordez-moi cette grace je vous en ſupplie, & redonnez la vie je vous en conjure à l'infortune Chevalier de Monplaiſir.

Cette lettre aiant été remiſe entre les mains d'un Grenadier, pour la porter à Mademoiſelle *Caron* : cet homme ſe contenta de la rendre au premier Laquais qu'il trouva à la porte du Lieutenant General, d'où l'Abbé *Bertinetti* ſortoit, lequel s'étant douté de la verité, pria le Laquais de lui donner cette lettre, & de n'en parler à perſonne ; ce qu'il fit très-volontiers à la vûë d'une piece de trente ſols qu'il lui gliſſa. Et après l'avoir décachettée & y aiant lû tout ce que le Chevalier venoit d'écrire à ſa louange, il reſolut de n'en point parler à Mademoiſelle *Caron*, mais de faire à l'autre une piéce ſignalée pour s'en vanger.

Ce qui étoit de favorable en cette occaſion pour le deſſein de l'Abbé, c'eſt que jamais *Monplaisir* n'avoit vû l'écriture de Mademoiselle *Caron*, & il lui étoit très-aisé de contrefaire une lettre comme venant d'elle, pour servir de réponse à celle qui venoit de lui tomber entre les mains : il fut quelques jours à y penser & aiant enfin pris sa resolution, il lui écrivit sous le nom de cette belle Demoiselle en ces termes.

LETTRE

D'une pauvre Malade au Chevalier de Monplaisir.

IL faut avouër, Mr. le Chevalier, que vous étes un homme d'un étrange caprice ; & que pour avoir vû un Abbé me parler deux ou trois fois, vous vous soiez tout d'un coup mis en tête que je l'aimois à votre prejudice. Je ne suis pas si susceptible que vous vous le persuadez ; & si j'étois maîtresse de faire un choix, je sai bien en faveur de qui je me déterminerois, & quelle distinction je ferois de vous à lui. Mais ma Mere de qui je dépens & à qui je dois toute sorte d'obéïssance, vient de m'écrire qu'elle a jetté la vuè sur un Conseiller de Compiegne très-honnête homme, & qu'elle me l'avoit choisi pour Epoux. Je ne crois pas que le coup se puisse parer, car elle ne me don-

donne qu'un mois pour me déterminer à ce Mariage, auquel je vous aſſure que je n'ai pas beaucoup d'inclination. Cette nouvelle vous doit un peu remettre l'eſprit au ſujet de l'Abbé, qui effectivement n'a pas tout le merite que j'avois d'abord crû ; il ſe donne de petits airs un peu trop libres : & en uſe avec moi comme s'il me connoiſſoit depuis dix ans. Il ſera bien aiſé de m'en débaraſſer, je ne croi pas d'ailleurs qu'il faſſe ici un long ſejour. Depuis votre départ & que j'ai reçu cette lettre de ma mere qui m'inquiéte au dernier point, je n'ai pas eu un quart-d'heure de ſanté ; il s'eſt répandu une eſpece de jauniſſe ſur toute ma perſonne qui ma changée de plus de moitié. Les Medecins viennent de m'ordonner de manger quantité d'oranges, & de grenades pour me rétablir : j'en viens de faire chercher par toute la ville, & il ne s'y en trouve point. Comme vous étes dans un lieu où rien ne manque, j'eſpere que vous voudrez bien m'en faire acheter un panier que vous ferez mettre s'il vous plaît à notre Meſſager, le plutôt qu'il vous ſera poſſible. Si cette commiſſion vous fait quelque plaiſir, vous aurez encore la ſatisfaction de contribuër au rétabliſſement de la ſanté d'une de vos bonnes amies, Caron.

Cet

Cette lettre étant écrite l'Abbé *Bertinet-ti* l'envoia au Chevalier, qui fut très-surpris de n'en pas recevoir une de tout un autre ton ; car il connoissoit l'humeur de cette jeune personne, qui n'étoit pas des plus traitables dans l'affaire dont il s'agissoit : mais comme c'est le foible de tous les Amans de se flatter, il crut que sa Maîtresse rendant justice à son merite, cherchoit à se racommoder avec lui. Il s'allarma cependant de la proposition que sa mere lui faisoit de la marier à ce conseiller de *Compiegne* ; mais s'appercevant par sa Lettre qu'elle n'y avoit pas beaucoup d'inclination, il s'assura très-fort qu'à son retour il détourneroit facilement cet orage. Le mépris qu'elle faisoit de l'Abbé lui remit tout d'un coup l'esprit sur son Chapitre, & il n'y eut que sa maladie, qu'elle lui apprenoit, qui lui donna quelque inquietude.

Cette Lettre ne lui eut pas été plutôt rendue, que donnant tête baissée dans le piege que lui avoit tendu *Bertinetti*, il courut au plus vîte lui-même à la Halle, où aiant choisi les plus belles oranges, des Citrons & des Grenades en très-grande quantité, il en fit emplir deux grands mannequins, & étant passé chez *Procop*, *

il

* *C'est un fameux Limonadier.*

il fit garnir deux Caiſſes de vin de ſaint
Laurent, & de toutes ſortes de Liqueurs,
dont il chargea le Meſſager de *Creſpy* le
même jour.

L'Abbé qui ne doutoit point, que le
Chevalier ne fît bien les choſes, le con-
noiſſant pour un homme extrêmement ge-
nereux, & encore dans une occaſion où
il s'agiſſoit de faire un petit plaiſir à une
perſonne qui lui étoit ſi chere, fit tenir
ſon Laquais revêtu d'un juſteau-corps de
livrée pareil à celle du Lieutenant general, aux avenuës de la maiſon du Meſſager,
qui lui remit ſans y entendre fineſſe les
deux Paniers, & les deux Caiſſes, accom-
pagnés d'une Lettre pour Mademoiſelle *Ca-*
ron, par laquelle il la prioit d'agréer ce
petit preſent, & l'aſſuroit qu'il reviendroit
dans quinze jours au plutard; qu'il rom-
proit ſon mariage très-aiſément, & que
ſi elle vouloit conclure affaire avec lui,
il lui donnoit parole d'honneur de l'épouſer auſſi-tôt qu'il ſeroit de retour.

L'Abbé ravi du ſuccès de ſa fourbe voulut en profiter de toutes manieres, il pro-
poſa à la Lieutenante Generale de donner
un bal à Mademoiſelle *Caron*, & la pria de
lui prêter ſa ſalle; ce qu'elle agréa de tout
ſon cœur; & enfin il diſpoſa tout pour
cet-

cette fête, qu'il se mit en devoir de ce-
lebrer avec toute la magnificence qui lui
seroit possible.

Il fit semblant de faire partir son Laquais pour Paris sous pretexte d'y aller
chercher quelque chose qui lui manquoit ;
mais il lui ordonna de se cacher durant
trois jours, & de le venir ensuite trouver avec un cheval, chargé des panniers
d'oranges, de grenades, & des caisses de
liqueurs, qui n'avoient point encore vû le
jour, depuis qu'il les avoit reçus. Toutes
ces choses étant parfaitement bien dispo-
sées, l'Abbé invita les personnes les plus
distinguées de la ville, à un très-grand
soupé, ensuite du quel le bal commença,
qui fut suivi d'une très-belle collation, où
toutes les douceurs du Chevalier de *Monplaisir* furent distribuées par l'Abbé d'une
maniere tout-à-fait galante.

Les Dames aiment la dépence, & tout
ce que *Bertinetti* fit en cette occasion lui
attira un applaudissement general : il fut
parlé long-tems de cette belle fête, qui
toucha beaucoup Mademoiselle *Caron*, pour
laquelle elle avoit été preparée.

Les Abbés ont un talent particulier pour
se faire aimer preferablement à tous autres ; les soins qu'ils se donnent près de
leurs

leurs Belles, aiant plus de tems à perdre, joint à quelques dépenſes faites à propos, leur font faire bien plus de chemin en trois jour qu'un Cavalier plein de merite en toute ſa vie.

Bertinetti ſe voïant dans la faveur pouſſa ſa pointe juſqu'au bout ; il fut aimé de la belle *Caron*, qui lui promit de ne revoir jamais le Chevalier de *Monplaiſir*. Ce ſacrifice acheva de l'engager, & lui fit oublier *Merielle*, & toutes les autres pour leſquelles il avoit été ſi ſenſible.

Peu de jours après cette derniere fête, la Lieutenante Generale aiant fait la partie de chaſſe pour la forêt Ville-Cotterêts engagea le Chevalier de *Riotort* avec une douzaine de leurs amis d'en être ; la belle *Caron* & *Bertinetti* ni furent pas oubliez. Les femmes s'habillérent en Amazones, montérent à cheval, & les Meſſieurs les ſuivirent tous équipés d'une maniere des plus diſtinguées.

Ils arrivérent en cet équipage chez le pere de la Lieutenante Generale, qui fut ravi de les voir, & les regala comme gens qu'il attendoit depuis long-tems, & dont la viſite lui étoit des plus agréables. Il avoit fait de très-grands apprêts pour les recevoir dans le Château, dont il étoit le maître,

&

& il n'oublia rien au monde pour leur y
procurer toutes sortes de plaisirs. En attendant que tout fût disposé pour une grande
partie de chasse dans la forêt, on se pro-
mena, on dansa, on joua à toutes sortes
de jeux; & le jour étant venu de la profession de sa fille, il engagea la Compagnie d'assister à la ceremonie : ils se trans-
portérent à la *Fertémillon*, où cette Religieuse avec une constance admirable, au
milieu des pleurs de toute l'assemblée fit
ses vœux, qui l'engagérent pour toute sa
vie à une cloture perpetuelle.

La belle *Caron* en fut tellement attendrie
qu'on eut bien de la peine à la remettre;
elle protesta que cet exemple l'avoit touchée, & dit avec beaucoup d'honnêteté à
Bertinetti, que sans un panchant naturel,
qu'elle se sentoit pour lui, elle auroit bien
pû imiter cette Religieuse, qui l'avoit charmée par le desinteressement, & le mépris
qu'elle venoit de faire, de tous les faux
plaisirs de la vie. Le pere se distingua par
un repas tout extraordinaire, qu'il donna
à tous ses amis, & il y en eut encore un
autre du même ordre que le premier pour
toutes les Religieuses. Et après les avoir
quittés, nonobstant toute la bonne chere
qu'il leur avoit faite, cette fête s'étant
passée

paſſée aſſez triſtement , ils retournérent le même jour à *Villers-cotereſt* pour la partie de chaſſe qui avoit été remiſe au lendemain.

Il n'eſt rien que *Bertinetti* n'inventât pour rejouïr ſa nouvelle Maîtreſſe & pour lui ôter le chagrin que la vuë de cette Religieuſe lui avoit cauſé : il la pria de n'y plus penſer ; & lui promit dans ce petit voiage, où il eut occaſion de l'entretenir en particulier à toutes heures , de ſe défaire de ſes benefices & de l'épouſer auſſi-tôt qu'il auroit diſpoſé ſa famille à conſentir à leur mariage.

Cette propoſition de l'Abbé fut très-bien reçuë par Mademoiſelle *Caron* : elle reprit ſa belle humeur & parut à toute la Compagnie d'un enjouëment qui faiſoit un extrême plaiſir. L'on monta à cheval le lendemain de grand matin, & aiant tous pris le chemin de la forêt, qui eſt à la porte du Château de *Villers-cotereſt* , l'on ne fut pas long-tems ſans voir nombre de cerfs , de dains , de chevreuils , de ſangliers , & tout ce que l'on pouvoit ſouhaiter pour s'exercer. La Compagnie aiant remarqué un cerf, dont le bois étoit extraordinaire pour ſa hauteur s'y attacha. Et aiant couru après plus de qua-

I

tre

tre heures sans le pouvoir attrapper, les Dames qui commençoient à se lasser, mirent pié à terre dans un endroit assez ouvert de cette forêt, où s'étant mises à l'ombre, leurs valets tenant leurs chevaux, elles laissérent passer le Chevalier de *Riotort*; & tous les Officiers de sa suite qui leur promirent de leur faire voir la mort du Cerf au même endroit.

Bertinetti qui s'embarrassoit très-peu de la Chasse, & qui avoit bien d'autres occupations, resta aussi avec les Dames; & aiant engagé Mademoiselle *Caron* à se promener dans une avenuë, qui leur parut très-belle, ils y entrérent insensiblement un peu plus avant qu'ils n'avoient cru, & s'enfoncérent dans le bois, sans faire réflexion qu'ils étoient seuls, & que les autres Dames ne les avoient pas suivies. Comme ils étoient sans témoins & dans un lieu, où ils pouvoient sans crainte expliquer les plus secrets sentimens de leurs cœurs : que l'Abbé étoit enchanté d'avoir assujetti une si aimable personne, qui répondoit à toutes ses ardeurs, sur la promesse qu'il venoit de lui faire; leur conversation fut des plus honnêtes, des plus tendres & des plus spirituelles; & jamais deux amans, qui s'ai-

moient

moient au delà de tout ce qu'on en peut
dire, ne furent plus contens.

Mademoiselle *Caron* s'appercevant que les
Dames ne l'avoient point accompagnées,
proposa à l'Abbé de retourner prontement
les rejoindre, difant, qu'ils alloient donner matiere à critiquer un peu leur conduite. *Bertinetti* l'aprouva en apparance,
& aiant pris la route qu'il difoit qu'il falloit tenir, par malice ou autrement, ils
s'embarrafférent fi fort dans la forêt, qu'ils
fe trouvérent tout à fait égarez : & furent
plus de deux heures fans fe pouvoir reconnoître. Laffez de prendre toutes fortes de
chemins differens, ils fe determinérent à
fuivre à tout hazard le plus fraié, qui fe
trouva fous leurs pas.

Ils caufoient toûjours chemin faifant fur
la matiere qui leur faifoit tant de plaifir.
Bertinetti ne fe laffoit point de baifer con-
tinuellement les belles mains de fa charmante
Maîtreffe ; & quoi qu'elle s'y oppofât affez foiblement, il ne laiffoit pas que de
l'arrêter de moment en moment fous pretexte de la faire repofer ; & de profiter
des difpofitions favorables où il trouvoit
cette aimable fille.

I 2

Com-

Comme *Bertinetti* étoit à ses genoux, &
qu'il lui faisoit, en recommençant toûjours
de lui baiser les mains, toutes les prote-
stations d'un amour éternelle, ils apperçû-
rent deux Cavaliers, qui sortans brusque-
ment d'une route détournée, les surprirent dans cette posture. C'étoit justement
le Chevalier de *Monplaisir* avec son valet
qui étant arrivé à *Crespy*, & aiant seu la
partie de chasse, étoit venu à *Villers-coterest*
joindre la Compagnie.

Cette vûë les surprit également. *Monplaisir* se contenta de les saluër tout interdît :
& sans mettre pié à terre il continua sa route. Le chemin qu'ils lui virent prendre,
fut suivi un moment après par nos jeunes
Amans ; ils rejoignirent par hazard leurs
Compagnies, qui leur firent très-fort la
guerre sur leur promenade particuliere.
Ils eurent beau dire, qu'ils s'étoient égarez, on ne les crut point ; cependant le
Cerf aiant été poussé à l'endroit qui leur
avoit été promis, ils eurent le plaisir de
le voir aux abois ; ce qui finit cette belle
partie.

Ils remontérent tous à cheval, & retournérent au Château, où l'Abbé & sa Belle
s'attendoient d'y rencontrer *Monplaisir* ; mais

y

y étant arrivez, & n'en aiant appris au-
cunes nouvelles, *Bertinetti* ſe douta de la
verité. Effectivement ce pauvre Chevalier
après avoir vû ſa Maîtreſſe ſeule à l'écart
avec ſon Rival à ſes genoux qui lui baiſoit
les mains de l'air du monde le plus paſſion-
né, ne doutant plus de ſa perfidie, avoit
changé de deſſein & étoit retourné ſur ſes
pas à *Creſpy* par une autre route. La Compagnie paſſa encore cette nuit au Château,
& le lendemain après un grand déjeuné,
ils retournérent chez eux, très-contens d'u-
ne partie ſi agréable.

Le Chevalier de *Monplaiſir* qui y étoit
revenu la veille, avec le chagrin que peut
avoir en pareille occaſion un Amant offenſé, n'aprit pas plûtôt le retour de Mademoiſelle *Caron*, qu'il ſe rendit chez elle
pour avoir une derniere explication ſur
leurs affaires. Il y trouva une nombreuſe
compagnie dans une joie infinie, & aiant
fait tous ſes efforts en s'approchant d'elle
pour lui pouvoir parler ; elle ſeut ſi bien
l'éviter, qu'il ne pût pas de la ſoirée l'entretenir un ſeul moment. Il reconnut même beaucoup de froideur pour lui & de
mépris de la part de cette Belle, & ne
pouvant accorder ce qu'il voioit avec ce

I 3

qu'il

qu'il croioit qu'elle lui avoit écrit, il se retira bien plus embarassé qu'il ne l'avoit été encore jusqu'à present.

Ne pouvant penetrer le sujet de son malheur, il fut trois jours de suite à chercher les moiens de la voir en particulier ; mais par toutes sortes de precautions que l'Abbé prit pour le traverser, il ne put jamais en venir à bout.

L'impatience enfin le prenant. il s'avisa de rendre une visite exprès au Lieutenant General sur les onze heures du matin ; & comme il se douta bien qu'on le retiendroit à diné comme il arriva, il crut que c'étoit le seul moien pour venir à ses fins : mais il se trompa, car Mademoiselle *Caron* en étant avertie, ne voulut point paroître à table sous pretexte de quelque legere indisposition.

Cet incident lui donnant un mortel chagrin, il ne put le cacher à la Lieutenante Generale qui étoit beaucoup de ses amies ; & aiant trouvé occasion de l'entretenir en particulier de son amour & de son malheur, cette belle Dame en eut pitié, & lui promit de le servir. En effet sans en avertir Mademoiselle *Caron*, elle le mena en sortant de table dans sa chambre,

où

où ils la trouvérent à ſa toilette qui ne s'atendoit pas à une pareille viſite.

Après les premiers complimens, le Chevalier qui conſideroit que le quart-d'heure étoit pretieux, lui demanda d'un air plein de reſpect par quel endroit il l'avoit offenſée : & qui pouvoit lui avoir fait meriter un pareil traitement ; Mademoiſelle *Caron* qui eût voulu qu'il eût été bien loin, & très-chagrine de la démarche que la Lieutenante Generale venoit de faire faire au Chevalier, lui répondit d'une maniere glaçante, qu'elle n'avoit rien à lui dire là-deſſus, & que chacun étoit maître de ſes actions : mais lui ne ſe rebutant point, la pria de vouloir bien l'écouter un quart-d'heure, & qu'après celà il ne l'importuneroit jamais de ſa vie. Non, dit Mademoiſelle *Caron* en ſe levant de ſon fauteuil d'un air terrible, je ne veux ni vous voir ni vous entendre ; ſi vous voulez me faire plaiſir, c'eſt de me laiſſer ſeulement en repos.

La Lieutenante Generale qui étoit preſente à cette converſation, trouva un peu extraordinaire la maniere, dont cette Demoiſelle traitoit le Chevalier ; elle ne put s'empêcher de lui dire, que du moins lors

I 4

qu'on

qu'on rompoit avec une personne de distinction, il étoit de la prudence d'une honnête Demoiselle d'en sortir avec honneur.
Je l'avouë, interrompit Mademoiselle *Ca-*
ron ; celà doit être ainsi, lorsqu'une fille
a eu quelque engagement avec un homme ; mais grace au ciel, je n'ai jamais été
sur ce pié-là avec ce Monsieur. Il n'importe, interrompit le Chevalier, quoi qu'au
fond, je pourrois dire devant Madame,
& lui faire voir écrit de votre main tout
le contraire de ce que vous venez de lui
avancer : mais j'ai plus de discretion que
vous ne croiez, & je cacherai ce secret à
toute la terre, quelque peine que j'en puisse souffrir. Non, non, dit Mademoiselle
Caron en l'interrompant à son tour, il ne
faut ici rien cacher : Madame est trop de
mes amies, & je vous trouve bien hardi
de tenir en ma presence de pareils discours.
Pour le coup, Mademoiselle, reprit le
Chevalier, je n'y puis plus tenir ; & voici,
continua-t-il, une piece, en tirant une Lettre de sa poche, qui étoit celle que *Berti-*
netti avoit contrefaite, qui decidera si j'ai
tort, ou si j'ai raison.

Mademoiselle *Caron* aiant jetté la vûë dessus, & ne reconnoissant point l'écriture,
lui

lui dit toute en colere, si vous n'avez point d'autres preuves contre moi, votre affaire est bien éloignée de ce que vous pensez : non Monsieur, ce n'est point moi, qui vous ai écrit cette Lettre, cherchez ailleurs vos dupes.

La Lieutenante Generale l'aiant luë tout du long, & considerant que ce n'étoit ni l'écriture, ni le stile de Mademoiselle *Caron*, dit au Chevalier, que pour cette fois il avoit tort, & qu'aparamment quelqu'un avoit voulu se divertir à ses dépens.

Si cette Lettre, dit-il, en la reprenant, n'est pas écrite de la main de Mademoifelle, si elle n'a pas reçu tout ce que je lui ai envoié, au delà même de ce qu'elle me demandoit ; en ce càs je suis trompé, & j'avouë mon erreur. Mais de quelque côté que la chose vienne tel que soit celui qui m'a ainsi joué, j'aurai sa vie, ou il aura la mienne. Il sortit en disant ces dernieres paroles avec un feu sur le visage, & dans les yeux, capable de faire trembler les plus hardis. Dans le même moment il rencontra le Chevalier de *Riotort*, qui le voiant hors de lui-même, l'accosta & ne le quitta point qu'il ne lui eût fait une confidence generale de tout ce qu'il avoit sur le cœur.

Mon-

Monplaisir étoit penetré de douleur de la reception qu'on venoit de lui faire, ils furent ensemble se promener derriere le couvent des Capucins qui est le plus joli endroit de *Crespy* : & là *Monplaisir* lui déchargea son cœur, & lui fit voir cette malheureuse lettre qui étoit cause du trouble où il le voioit.

Le Chevalier de *Riotort* après l'avoir bien écouté, lui dit qu'il étoit aisé de penetrer le fond de cette affaire, que suivant les aparances on s'étoit un peu diverti de lui ; mais avant que de faire aucun éclat, qu'il falloit éviter pour l'honneur de la Demoiselle, il étoit necessaire d'aprofondir serieusement le fait ; mais *Monplaisir* n'écoutant que les transports dont il étoit agité, lui jura qu'il en auroit raison, deût-il perdre toute sa fortune. Il déclara ensuite à son ami qu'il aimoit Mademoiselle *Caron* avec une passion démesurée, qu'il avoit eu dessein très-serieusement de l'épouser, & même de se retirer du service : qu'il avoit trouvé dans la possession qu'il esperoit de cette belle personne tout ce qui étoit à desirer au monde pour un honnête homme, qu'elle avoit été très-particulierement de ses amies, qu'elle lui avoit donné toutes sortes d'esperances,

ces, & qu'il voioit tout perdu par un caprice dont il ne pouvoit pas penetrer la raiſon.

Le Chevalier de *Riotort* entrant effectivement dans ſes ſentimens le plaignit, mais il le pria de travailler à éclaircir la choſe avec douceur, c'eſt ce qu'il eut beaucoup de peine d'abord d'obtenir. Cependant l'aiant un peu réduit, pour prendre l'affaire à ſa ſource, il lui conſeilla d'envoier chercher le Meſſager, & de le retourner ſi bien qu'il pût découvrir la verité de tout ce myſtere. Comme il demeuroit à quatre pas des Capucins, ils y furent enſemble, & l'aiant trouvé à ſon logis, ſils le tirérent en particulier, & lui demandérent à qui il avoit remis les panniers, les caiſſes, & la lettre qui lui avoient été confiez. Cet homme ne balança pas à leur déclarer que c'étoit à un Laquais du Lieutenant General. Cette réponſe donna beaucoup de joie à *Monplaiſir*, qui le pria de lui dire s'il reconnoîtroit bien le domeſtique ? Le Meſſager l'aſſura qu'auſſi-tôt qu'il paroîtroit il le diſtingueroit entre cent mille, parce qu'il avoit un gros nez camart qui étoit au beau milieu de ſon viſage.

Ils

Ils n'en voulurent pas savoir davantage, & l'aiant remercié paroiſſans très-contens en apparence ils retournérent à leur promenade ; où aiant examiné l'affaire de plus près, ils firent réflexion que c'étoit juſtement le Laquais de *Bertinetti* dont le Meſſager avoit voulu parler.

Monplaiſir ne parloit pas moins que de donner mille coups de bâton à cet Abbé, car l'inſulte qu'il lui avoit faite ne ſe pouvoit reparer autrement : mais *Riotort* bien plus ſage, le pria d'en uſer avec moderation, & d'épargner les Dames qui n'avoient comme il le croioit aucune part à l'avanture. Il ne le quitta point qu'il ne lui eût promis d'honneur de ne rien faire ſans ſa participation. Le Chevalier de *Monplaiſir* eut bien de la peine à lui accorder cette demande : cependant comme le Chevalier de *Riotort* étoit ſon ſuperieur de toutes manieres, il ne put pas le refuſer ſur ſa parole : ils ſe ſeparérent & le Chevalier de *Riotort* qui avoit ouverture à toutes heures chez la Lieutenante Generale, s'y rendit exprès pour éclaircir l'affaire par lui-même encore de plus près. Il y trouva l'Abbé qui jouoit à l'ombre avec Mademoiſelle *Caron*, & un Officier

de

de ſa Compagnie. Aiant eu la patience d'attendre que leur partie fût finie , il le tira à quartier & le pria de paſſer dans le jardin aiant quelque choſe de conſequence à lui dire.

L'Abbé le ſuivit avec plaiſir , & s'attendoit très-peu au compliment que lui fit le Chevalier de *Riotort* en ces termes. Je ſuis ravi, commença-t-il à lui dire , de vous avoir attiré ici mon cher Abbé, & que vous y aiez goûté quelque plaiſir ; mais je ne ſerois pas veritablement votre ami , ſi je differois à vous avertir d'une affaire que vous vous êtes attirée qui me chagrine beaucoup : & dont vous vous êtes tout a fait caché de moi. En un mot je ſai toutes vos intrigues avec Mademoiſelle *Caron* : j'approuve là-deſſus tout ce qui vous fait plaiſir ; mais vous venez de faire une piéce à un de nos Officiers, dont les ſuites me paroiſſent pour vous très-fâcheu- ſes. Vous en conviendrez avec moi ſi vous le jugez à propos : je vous ai deja là-deſſus rendu de grands ſervices , je ne répon- drois pas toûjours de retenir la fureur du Chevalier de *Monplaiſir* , il eſt irrité à un point que de l'humeur dont je le connois , je crains tout pour vous.

L'Ab-

L'Abbé voulant faire le surpris & l'igno-rant, le pria de s'expliquer sur cette ma-tiere si serieuse : mais *Riotort* brisant la conversation en deux mots, lui dit le fait, que l'autre s'efforça de nier. Cependant il le retourna si bien qu'il lui avoua en se-cret la verité. Cette découverte le deter-mina à le prier avec la derniere instance de se retirer promtement, lui faisant entendre, qu'il ne répondroit pas de sa vie pour vingt-quatre heures seulement, de l'humeur furieuse, dont étoit son ami.

L'Abbé ne se le fit pas dire deux fois, il demeura d'accord que *Monplaisir* aiant recon-nu la fourbe, devoit avoir un juste ressen-timent. Et craignant quelque funeste avan-ture (car c'étoit un homme sans quartier) il partit la même nuit pour Paris, faisant entendre à la belle *Caron*, qu'une affaire imprevuë lui étoit survenuë, & qu'il re-viendroit au premier jour avec le consen-tement de sa famille pour leur mariage. Ce départ precipité chagrina très-fort cette aimable personne : mais il n'y avoit au-cun moien de le differer, l'affaire dont il s'agissoit étant trop de consequence, & dont il ne lui parla point. Il lui promit tout au monde, & étant monté à cheval
avec

avéc ſon Valet & deux autres qué *Riotort* lui avoit donnés, il ſe rendit à Paris le lendemain à la maiſon de ſon pere. Il n'y fut pas plutôt arrivé, que ſans attendre plus long-tems, il lui declara qu'il étoit abſolument déterminé à quitter le petit colet, & à ſe marier. Son pere ne voulant point le gêner conſentit à tout, & comme il avoit deſſein d'aller finir ſes jours à Rome, il mena ſon fils à Verſailles, remettre ſes Benefices entre les mains du Roi, & ſupplia Sa Majeſté d'agréer la retraite de ſa famille dans leur Païs natal.

Le Roi dont la bonté eſt très-grande lui dit, qu'il voioit bien des Gens qui le perſecutoient pour avoir des Benefices, mais qu'il ne s'en étoit pas encore preſentés pour les lui rendre. Qu'il conſentoit à ce que *Bertinetti* le pere lui demandoit, mais qu'aiant égard à ſes ſervices, il ne vouloit pas le renvoier ſans lui aſſurer du pain. En même tems Sa Majeſté ordonna que ſa penſion qui n'étoit que de ſix mil livres, lui ſeroit dorénavant paiée ſur le pié de huit mil ſa vie durant, & celle de ſon fils, qu'il leur aſſigna ſur la Banque de Veniſe.

L'Abbé aiant fait ſavoir cette agréable
nou-

nouvelle à Mademoiselle *Caron*, elle se rendit aussitôt que lui à Compiegne, où il vint l'épouser dans la maison de sa mere, avec une joie qui ne se peut exprimer.

Toute la famille de *Bertinetti* se trouva à leurs nôces, qui furent celebrées avec le dernier éclat. Et peu de tems après *Boromei* aiant obtenu la grace de son gendre à cause de l'assassinat du Chevalier *Urbini*, ils partirent pour Rome : où ils vivent dans une union à servir d'exemple à toute la terre.

F I N.

T A-

TABLE

DES

PRINCIPALES MATIERES

DE CE

LIVRE.

DES PRINCIPALES MATIERES.

* 2   L'Ope-

TABLE

Gros-

DES PRINCIPALES MATIERES.

Fin de la Table.

Extrait du Privilege du Roi.

PAr Grace & Privilege du Roi donné à Paris le septiéme jour de Juillet de la presente année 1706. signé par le Roi en son Conseil BOUCHER, il est permis à MICHEL BRUNET Marchand Libraire au Palais, de faire imprimer un Livre intitulé, *L'heureux Chanoine de Rome, ou la Resurrection predestinée*, composé par C. M. D. R. Avocat en la Cour, dedié à Madame la Duchesse de Lorraine, pendant le tems de huit années consecutives, à commencer du jour que ledit livre sera achevé d'imprimer, & défenses sont faites à tous Imprimeurs & Libraires de l'imprimer, à peine de mil livres d'amende, de confiscation des Exemplaires, & de tous dépens, dommages & interêts, comme il est plus amplement porté par ledit Privilege.

Enregistré sur le Regître de la Communauté des Libraires & Imprimeurs de Paris le 28. Août 1706.

Signé

AUBOUÏN, Syndic.

Achevé d'imprimer pour la premiere fois en vertu du present Privilege le 27. Octobre. 1706.

Ledit MICHEL BRUNET a cedé & transporté son Droit & Privilege à la Veuve d'ESTIENNE MICHALLET pour en jouïr conformément à la vente qu'elle lui en a faite.